Peter Thurnhofer

Die Energierevolution vernünftig nutzen

Erfahrungsbericht über die Installation von Wärmepumpe und PV-Anlage mit Heizkörpern in einem schlecht isolierten Gebäude

Bibliografische Information der Deutschen Nationalbibliothek: Die Deutsche Nationalbibliothek verzeichnet diese Publikation in der Deutschen Nationalbibliografie; detaillierte bibliografische Daten sind im Internet über http://dnb.dnb.de abrufbar.

Verlag: BoD · Books on Demand GmbH, In de Tarpen 42, 22848 Norderstedt, bod@bod.de

Druck: Libri Plureos GmbH, Friedensallee 273, 22763 Hamburg

ISBN: 978-3-7693-4008-2

INHALTSVERZEICHNIS

VORWORT

Der Mythos, die Nutzung einer Wärmepumpe sei ausschließlich nur Verbindung mit einer Fußbodenheizung sinnvoll, hält sich hartnäckig. Wenn eine solche Flächenheizung existiert, dann ist die Wärmepumpe bestens dafür geeignet. Aber auch in älteren unsanierten Gebäuden mit Heizkörpern kann eine Wärmepumpe effizient arbeiten. Auch bezogener Strom ist mit dem hohen Wirkungsgrad von Wärmepumpen immer noch billiger als Öl und Gas. Noch besser ist das Verhältnis, wenn die Wärmepumpe durch eigene Energieerzeugung mittels einer PV-Anlage unterstützt wird. Die beispielhafte Umsetzung im eigenen Haus zeigt die Vorteile klar und deutlich auf.

DIE REVOLUTION EINER DEZENTRALISIERTEN ENERGIEERZEUGUNG

Energie als Wohlstandsfaktor

Vor der Entdeckung der fossilen Energie war die einzige Kraft zur Erzeugung von Wohlstand, die menschliche Arbeitskraft. Mit der Entdeckung dieser Rohstoffquellen entstanden dann auch die ersten Maschinen, mit denen die menschliche Arbeitskraft ein Vielfaches an Wohlstand erzeugen konnte. Doch wie wir wissen, kam dieser Wohlstand nur denen zu Gute, die über die Energiequellen verfügten (z. B. Rockefeller, Energiekartelle etc.) und die Maschinen als Eigentum besaßen (Kapitalhalter). Das hat sich nicht wesentlich geändert, denn das Produktionskapital, welches sich als Eigentum in nur einer kleinen Gruppe in der Bevölkerung befindet, generiert aktive und passive Gewinne eben nur für diese Gruppe. Die nach dem Krieg 1945 geplante Privatisierung ist entgleist, statt der allgemeinen Verteilung auf die Volksgemeinschaft (Volksaktien), hat sie seit 1982 nur wenigen zu Reichtum und Wohlstand verholfen. Die untere Hälfte der Gesellschaft verfügt außer Gebrauchsvermögen über kein Vermögen (Kapital) und ist damit auch vom Wohlstand ausgeschlossen. Die unteren 10 % der Gesellschaft sind sogar total verschuldet.[1]

Das Problem der Kapitalakkumulation

Wenn sich das Vermögen (Kapital) in wenigen privaten Händen konzentriert, dann steigt damit das passive Einkommen dieser Kapitalbesitzer, wozu auch eine zu geringere Besteuerung beiträgt. Dieses Einkommen geht weit über den persönlichen Bedarf hinaus und kann in

---

[1] (Thurnhofer, Wohlstand für alle ist notwendig und machbar, 2021) Kapitel 1, S.8ff

diesem Umfang nicht für Konsumzwecke ausgegeben werden. Anschließend wird es in weitere Vermögenswerte investiert, die wiederum passives Einkommen generieren, oder es wird als Reserve in Barmitteln oder als Sichtguthaben bei Banken angelegt (allein in Deutschland 2024: 2,6 Milliarden Euro), um bei günstigerer Gelegenheit neue Vermögenswerte zu erwerben. Diese Geldschwemme, zu der auch die EZB unter Draghi mit der Strategie des »quantitativen easings (QE)« beigetragen hat, kann als volkswirtschaftlich schädliche Hortung angesehen werden, da sie weder von Investoren als Kredit genutzt wird noch denen zur Verfügung steht, die dringend Konsumgüter benötigen. Diese Geldschwemme in den richtigen Händen könnte eine Nachfrage nach Gütern auslösen, die die Industrie anregen würde, neue Produkte zu schaffen, um diesen Bedarf zu decken. So sollte es nicht verwundern, wenn Aktienwerte, Unternehmenswerte, Grundstücke, Häuser und Mieten steigen. Die Mittelschicht gerät dadurch unter Druck: Sie ist gezwungen, Vermögen zu verkaufen, oder kann sich bestimmte Vermögensarten nicht mehr leisten. Dies eröffnet den Weg für eine weitere Kapitalakkumulation[2] (Vermögenskonzentration). Die Konsequenzen zeigen sich in einer zunehmenden Unzufriedenheit mit der Verwaltung (Regierung) der Gesellschaft. Dies äußert sich häufig in der Wahlverweigerung oder der Unterstützung radikaler Parteien. Am Ende gerät die Demokratie in Gefahr. Die eigene Energieerzeugung wirkt dieser Entwicklung durch Dezentralisierung entgegen.

Die Sonnenkollektoren als dezentrale kostenlose Energieverbrauchserzeugung

Seit 30 Jahre gibt es Sonnenkollektoren, Windräder noch länger, doch bis zur Ampel-Regierung wurde eine Umstellung auf diese Energien an Stellen verhindert. Diese Behinderung ist noch immer da und wird in der öffentlichen Meinung mit vielen Ängsten dargestellt. Sie beruhen auf den Verlustängsten der Energieriesen, denen die Gewinne mit der Zeit ausgehen werden, wenn Dezentralisierung, Demokratisierung und Autarkie der Energiegewinnung umgesetzt werden.

Die Umstellung auf erneuerbare Energien ist eine Revolution mit folgenden Gründen:

- Sie schafft Arbeitsplätze und damit Einkommen im eignen Land.
- Mit kostenloser Verbrauchsenergie als wichtigster Rohstoff für den Wohlstand ist das Land unabhängig und auch nicht erpressbar.
- Da jeder Bürger energieunabhängig werden kann, ist damit eine Demokratisierung der Energiewirtschaft verbunden, anstelle der Konzentration auf wenige Energieriesen in privaten Händen.
- Sonnenenergie und Windenergie stehen immer in einem unbegrenzten Umfang global und zeitlich zur Verfügung, es kommt also nur darauf an, die Energie zu speichern oder

---

[2] (Hüfner, Oxfam-Bericht - 13 weitere Milliardäre: Das sind Deutschlands neue Superreiche, 2025)

an die Stellen zu leiten, wo sie gebraucht wird. Da Energie alle betrifft, sind eher staatliche Lösungen gefragt als privatwirtschaftliche.

- Jede Investition in eine Energieerzeugung benötigt finanzielle Mittel. Doch der Unterschied zwischen einer Investition in fossile Energieverbrauchsgeräte und in Investitionen der PV oder Wind ist, dass die weiteren Folgekosten des Verbrauchs bei PV oder Wind fast kostenlos sind. Alle Anlagen in Energie benötigen den Wartungs- und Ersatzkosten. Diese sind bei PV und Wind jedoch viel geringer als bei anderen Alternativen.
- Ein weiterer Effekt ist, dass mit der Senkung der fossilen Energieerzeugung auch die Luftverschmutzung abnimmt und der Klimawandel zum Besseren gerät.

Auch wenn erneuerbare Energien unbegrenzt zur Verfügung stehen können, so ist eine Begrenzung des eigenen Verbrauchs der Energien auch eine wichtige Angelegenheit. Sieht man sich die Verteilung des Verbrauchs im Privathaushalt an, dann fallen ca. 45 % auf die Heizung, ca. 45 % auf die Mobilität (Auto) und die restlichen 10 % auf den übrigen Energieverbrauch. Dabei spielen zwei wichtige Erfindungen eine große Rolle für den Privathaushalt, die jedoch beide von der fossilen Industrie aus oben genannten Gründen genauso hart bekämpft werden. Diese beiden Erfindungen sind das Elektroauto und die Wärmepumpe.

Die Wärmepumpe als Energieverbrauchssenkung

Die Arbeit verschiedener Erfinder in den 1800er-Jahren führte zur Entwicklung der modernen mechanischen Kältetechnik, die heute verwendet wird. 1855 hat der Österreicher Peter Ritter von Rittingen die erste Wärmepumpe erfunden. Die Wärmepumpe ist also eine altbewährte Technik, der man es mit ruhigem Gewissen zutrauen kann, sein zu Hause zu heizen. Im Prinzip funktioniert eine Wärmepumpe wie ein Kühlschrank, bei dem sich die Flüssigkeit (in der Regel Wasser) im Kreislauf befindet und um jeweils einige Grad erhöht oder verringert wird, je nachdem, welcher Effekt gewünscht wird. Aber warum ist die Wärmepumpe so interessant und warum wissen so wenige Menschen über den Wirkungsgrad nichts?

Wärmeleistung wird in kW (Kilowatt) gemessen. Ein elektrischer Heizkörper (z. B. Heizstab oder Radiator) verbraucht genau die Menge an kW, die er auch als Wärmeleistung an die Umwelt abgibt. Bei der Wärmepumpe ist das Verhältnis ein anderes. Der COP benennt das Verhältnis von aufzuwendender Energie und erzeugter Wärme unter Normbedingungen. Je höher der COP-Wert ist, desto effizienter arbeitet die Wärmepumpe. Generell liegen gute COP-Werte zwischen 3 und 5. Das bedeutet, dass bei einem COP-Wert von 4 die aufgewendete Energie nur einem Viertel der erzeugten Energie beträgt. Oder in kW ausgedrückt wird mit einem Strom von 3 kW eine Wärmeleistung von 12 kW erzeugt. Es ist also nicht schwer zu verstehen, warum die öffentliche Meinung davon abgehalten wird, dieses Prinzip zu verstehen.

Denn es wird als ein Angriff auf die gewinnorientierte zentralisierte Ausrichtung der fossilen Energieriesen gesehen.

Abgesehen davon, dass sich die Energieaufwendungen reduzieren, trägt die Selbsterzeugung der Energie durch Photovoltaik-Elemente (PV-Elemente) zur Reduzierung des Energieverbrauchs bei und kann bis auf null gesenkt werden.

Das Elektroauto als Energieverbrauchssenkung

Das Jahr 1821 gilt als die Geburtsstunde der Elektromobilität. In diesem Jahr erkannte der englische Forscher Michael Faraday, dass Elektromagnetismus eine dauerhafte Rotation erzeugen kann. Somit schaffte er die Grundlagen für das elektrische Fahren. Ab den 1830ern gab es bereits erste Elektromobile, die zum Teil von Batterien und auch von elektrischen Motoren betrieben wurden. Um 1900 gab es bereits rund 34.000 elektrisch betriebene Fahrzeuge in den USA, die teils Reichweiten von über 100 Kilometer aufweisen konnten. Mit der Verfügungstellung breiter Möglichkeiten des Verbrauchs von fossilen Energiemitteln (Benzin, Diesel, Gas) geriet das Elektroauto ins Abseits. Besonders da die Batterieentwicklung nicht gefördert wurde.

Die Gründe für ein Umsatteln auf elektrisch betriebene Fahrzeuge sind vielfältig. Neben dem Umweltaspekt spricht auch die Tatsache, dass solche Autos weniger wartungsintensiv sind. Immerhin braucht es hierbei weder Öl noch Filter oder Zündkerzen. Darüber hinaus stellen E- Autos keine Lärmbelästigung dar. Dazu hat auch wesentlich die Klimaschutzbewegung seit 2003 beigetragen.

Unter der Berücksichtigung, dass Energie im Privathaushalt oder Unternehmen autark dauerhaft selbst hergestellt werden kann, wird der Anteil eines fremden Energiebedarfs für Mobilität stark sinken. Die Gefahr des Verlusts ihrer Gewinne hat die fossile Industrie erkannt und hält mit ihrer gesamten Macht dagegen.

Einfluss der staatlichen Energiesteuerung die Preisentwicklung

In einigen Ländern sind die Energieunternehmen staatlich und in anderen privat. Am Beispiel der Elektroenergie in Deutschlands und Kroatiens lässt sich das gut demonstrieren. Die Leitungsnetze und die Energieerzeuger in Deutschland gehören privaten Unternehmen, in Kroatien dagegen sind sie staatlich. Das bedeutet, dass in Deutschland eine Ausrichtung auf Gewinne anfällt, die es in Kroatien nicht gibt. Kroatien kann kostendeckend arbeiten. Dies macht sich im Preis bemerkbar. Der Energiepreis ist in Deutschland höher, weil der Industriepreis subventioniert wird und dafür die privaten Haushalte einen höheren Preis bezahlen müssen. In Kroatien gibt es weniger Industrie. Der Strompreis geringer für private Haushalte und höher für Gewerbeunternehmen.

Ein weiterer Unterschied besteht zwischen selbsterzeugten und an das Energieunternehmen gelieferten Strom und vom Energieunternehmen bezogenen Strom. Hier sind die Bedingungen in Deutschland sehr schlecht. An die Energieunternehmen gelieferter Strom wird schlechter bewertet als der bezogene Strom. Das bedeutet, dass sich das Energieunternehmen die Kosten für die Speicherung (z. B. vom Sommer zum Winter) bezahlen lässt und darüber hinaus für die direkte Weiterleitung erhebliche Gewinne kassiert. Eine Speichermöglichkeit begrenzt auf Tag-Nacht-Speicherung ist daher sinnvoll.

In Kroatien liegen die Kosten für eine kWh bei 12 Cent und in der Nacht bei 6 Cent für Privathaushalte. Es findet eine Aufteilung in den staatlichen Netzbetreiber und in den staatlichen Energieverwerter statt.

Das Besondere ist die Vergütung der gelieferten Energie zur bezogenen Energie, womit im Sommer gelieferter Strom im Winter zum halben Preis bezogen wird. Damit übernimmt das staatliche Unternehmen die Speicherung für gelieferte Energie sehr kostengünstig. Aus diesen Gründen ist es auch derzeitig noch unnötig, einen Batteriespeicher zu installieren.

Auf Dauer wird dieser Vorteil wohl nicht zu halten sein.

KLÄRUNG DER VORBEDINGUNGEN – WIE GEHE ICH VOR?

Es gab also viele Gründe, dieses Projekt in Angriff zu nehmen. Doch wie und wo fängt man an? Ich gehöre nicht zu den Personen, die das lange planen und gehe eher in kleinen Schritten voran, um dann zu sehen, wie es sich entwickelt. Doch prinzipiell wäre es besser, sich einen groben Überblick zu verschaffen, um Fehlinvestitionen zu vermeiden. Diese sind allein dadurch bedingt, dass nicht alle notwendigen Informationen zur Verfügung stehen. Auch wenn ich nicht so vorgegangen bin, so möchte ich einen Überblick geben, was man machen sollte.

Energieverbrauch in kWh feststellen

Es geht um den Ersatz von Verbrauchskosten fossiler Energie durch kostenlose Verbrauchskosten erneuerbarer Energie. Somit ist die Schätzung der benötigten Energie des tatsächlichen Verbrauchs innerhalb eines Jahres die wichtige Größe. Das betrifft Stromverbrauch, Heizung und Mobilität umgerechnet in die einheitliche Größe kWh (Kilowattstunden).

So wäre das Vorgehen richtig gewesen, doch ich war erst nur an der PV-Anlage interessiert und diese Ergebnisse kamen erst später zustande. Gesamtverbrauch 35.000 kWh, bestehend aus 5.000 kWh Haushalt, 12.000 kWh Gasheizung, 8.000 kWh Pelletheizung und 3.000 kWh Auto.

Der 50, 65 oder 75 Grad Test

Bei einer vorhandenen Heizung gleichgültig welcher Art (Gas, Öl etc.) lässt sich erst einmal feststellen, ob unter den vorhandenen Bedingungen eine Umstellung auf eine Wärmepumpe möglich ist oder ob Veränderungen vorgenommen werden müssen. Inzwischen gibt es Wärmepumpen mit 55, 65 und 75 Grad. Der Vorlauf wird auf die Temperatur der gewünschten Wärmepumpe eingestellt. Ist das Ergebnis positiv, sind Änderungen nicht erforderlich. Im negativen Fall gibt es mehre Möglichkeiten, die untersucht werden sollten.

Art der Heizkörper

Modernere Heizkörper unterstützen die Wärmeabgabe durch eine größere Oberfläche und/oder optimierte Wärmeleitmaterialien bei gleichen Abmessungen und sind daher für niedrige Vorlauftemperaturen geeignet. Manchmal kann es schon reichen, die alten Heizkörper durch größere Plattenheizkörper zu ersetzen. Dies hat auch einen weiteren Vorteil. Einige Wärmepumpen können auch zur Kühlung genutzt werden. Großflächige Heizkörper können somit auch die Räume effizient kühlen.

Isolierung des Gebäudes

Ist ein Gebäude schlecht isoliert, dann ist es eher eine Frage von alternativen Investitionen. Wenn die alte Heizung das Haus versorgen konnte, so sollte das mit einer Wärmepumpe genauso gehen. Sie muss dann nur von der Wärmekapazität gleichwertig ausgelegt sein. Ein weiteres Problem besteht darin, ob die Energie angeliefert oder selbst erzeugt wird. Wird sie selbst erzeugt, so sind die Investitionskosten für die PV-Anlage in das Verhältnis zur Isolation des Gebäudes zu setzen.

Berechnung für die Wärmepumpe

Ich begnügte mich mit einer oberflächigen Schätzung. Die Vaillant-Therme hatte eine Leistung von 28 kW. Wir hatten diese Leistung nie genutzt und waren immer unter 50% dieser Leistung geblieben. 14 kW war also das Maximum der erforderlichen Leistung. Mit 7 kW waren wir etwas niedrig, doch es war den Versuch wert, da die Kosten mit ca. 2.000 Euro nicht so sehr ins Gewicht fielen. Eine zweite Wärmepumpe hätte später dazu aufgestellt werden können.

Berechnung der Energie für die PV-Kollektoren

Auch hier gab es keine Berechnung. Der vorgesehene Platz reichte für 8 Module mit 3,64kWp und die Anzahl der Elemente war damit größer als anfangs vorgesehen. Zudem handelte es sich aus Unkenntnis bezüglich des ganzen Themas um einen Versuch, der mit großer Neugier verbunden war.

Kosten der Investition

Sonnenkollektor + Inverter 7.200 Euro, Wärmepumpe mit Anschluss 5.000 Euro, Pufferspeicher 500 Euro, Elektriker für Kabelkanäle 500 Euro.

DIE UMSETZUNG DIESER ERKENNTNISSE

Nach den vorliegenden Erkenntnissen schien es notwendig, sich diese Energierevolution zuzuwenden. Doch wie sollten wir beginnen?

Die Idee der Stromunabhängigkeit und Rüstung für Notstrom

Hier in Kroatien sind wir es gewohnt, zeitweise über Stunden keinen Strom zu haben. Auch wenn sich das in den letzten Jahren verbessert hat, so sind Stromausfälle geblieben. Der Gedanke, sich vom Strom unabhängig zu machen, bestand daher schon sehr früh. Doch die Umsetzung war schwer zu verwirklichen. Mit den Angeboten von sogenannten Balkonkraftwerken um das Jahr 2018 begann ich mich für die Beschaffung zu interessieren, scheiterte jedoch an den Speditionskosten bzw. Beschaffungsmöglichkeiten aus Deutschland, da die Bedingungen hier noch schwieriger waren.

Doch 2021 gab es auch hier Anbieter und meine Überlegungen bezogen sich nicht mehr nur auf zwei Sonnenkollektoren, sondern erst auf vier und dann auf acht. Ein Anbieter in Zagreb mit der chinesischen Marke HUWAI schien mit rund 5.000 Euro passabel zu sein. Ich bekam ein Projektpapier, welche ich bei der HEP (kroatisches Elektrizitätswerk) einreichen musste. Dabei ging es auch um den Austausch des Zählers. Die Bearbeitung dauerte 5 Monate. Die Umstellung des Zählers noch einmal zwei Monate. Doch der Anbieter konnte nicht liefern.

Wir fanden eine Anzeige einer Firma in der Nähe von Split. Wir ließen uns ein Angebot kommen und waren überrascht. Die Sonnenkollektoren kamen aus Slowenien, der Inverter aus Österreich. Das war nach dem Einstampfen der deutschen Sonnenkollektorindustrie durch Altmeier (CDU) eine große Überraschung. Altmeier als neoliberaler Verfechter hatte nicht versucht, wie andere Länder der EU die multilateralen WTO-Bedingungen (Verbot von Subventionen, Verbot von Mengenbegrenzungen und Verbot von Zöllen) zu umgehen.[3] Das Sonnenkollektorgeschäft war somit nur in Deutschland tot und damit gingen viele Arbeitsplätze und die Technik für eine Zukunftsindustrie in Deutschland verloren.

Vorsichtig setzten wir uns mit der Firma auseinander und stellten fest, dass sie vom norwegischen Vermögensfonds gesponsert war. Das Vertrauen nahm zu. Die österreichische Firma begeisterte uns. Wir waren überrascht, was es gab und wie weit die Technik fortgeschritten war.

Wir bestellten unsere Kollektoren und den Inverter. Doch dann ergab sich ein neues Problem. Inverter brauchen zur Synchronisierung der Netzfrequenz dem Netzanschluss. Bricht das Netz zusammen (Blackout), bekommt man auch keinen Strom vom Sonnenkollektor. Das geht nur mit hybriden Invertern, die den Anschluss an eine Batterie erlauben.

---

[3] (Thurnhofer, Wohlstand für alle ist notwendig und machbar, 2021), Seite 68ff

Unsere Sonnenkollektoranlage

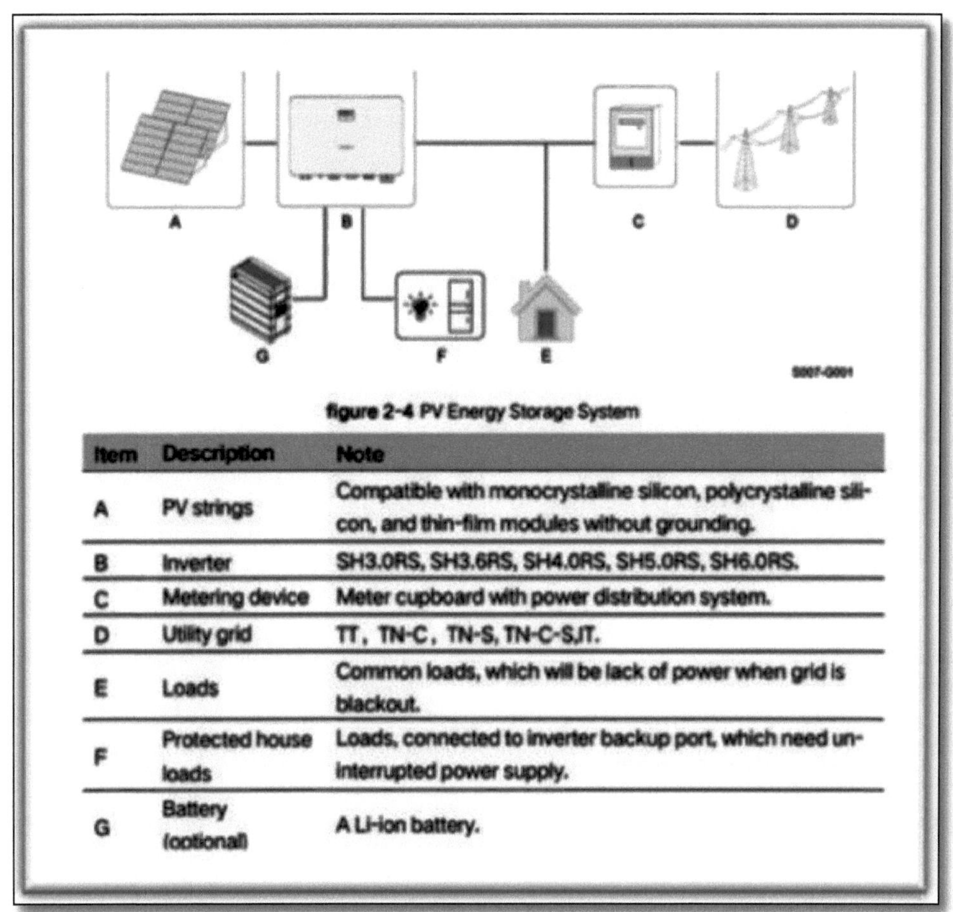

Item	Description	Note
A	PV strings	Compatible with monocrystalline silicon, polycrystalline silicon, and thin-film modules without grounding.
B	Inverter	SH3.0RS, SH3.6RS, SH4.0RS, SH5.0RS, SH6.0RS.
C	Metering device	Meter cupboard with power distribution system.
D	Utility grid	TT, TN-C, TN-S, TN-C-S,IT.
E	Loads	Common loads, which will be lack of power when grid is blackout.
F	Protected house loads	Loads, connected to inverter backup port, which need uninterrupted power supply.
G	Battery (optional)	A Li-ion battery.

Abbildung 1: PV-System mit Notstrom-Versorgung

Die PV-Elemente

Die acht BISOL-Sonnenkollektoren haben eine Leistung von 455Wp. Zusammen also 3,64kWp. Als Leistung des Inverters haben wir uns für 4kW entschieden. Da die Sonnenkollektoren maximal nur eine Leistung von 80 % nach unseren Breiten erbringen, kann die Leistung durch weitere bis zu zwölf Kollektoren erhöht werden, ohne dass der überschüssige Strom weggeworfen werden muss.

Der Inverter mit Metering Device

Abbildung 2: Sungrow Einphaseninverter SH4.0RS (B) und Metering Device (C)

Ursprünglich war ich von der österreichischen Firma Fronius[4] sehr begeistert. Doch ich wollte eine Backup-Lösung (Notstrom-Lösung) und diese war zu diesem Zeitpunkt nicht verfügbar. Mein Lieferant bot stattdessen einen Inverter von Sungrow an (China).

Ich entschied mich schließlich für den Einphasentyp SH4.0RS[5]. Er ließ eine Erweiterung zu und hat die Notstromfunktion. Es ist ein Hybrid-Inverter.

Zur Kontrolle aller Flüsse zwischen Batterie (nicht vorhanden), Energieverbrauch und Energielieferung ist ein Metering-System am Zähler (C) erforderlich.

Beim Bau des Hauses konnte nicht vorhergesehen werden, wie sich die Technik entwickelt. So war es erforderlich, vom Inverter drei Kabel zum Hauptzähler zu legen: Einspeisung der Energie aus den Sonnenkollektoren, Messung der Stromrichtungen und Backup-Kabel. Der obere Verteiler stellt dann das Metering-System dar. Der untere Verteiler ist unser Hauptverteiler.

Die Blackout-Lösung

Ein großes, für viele nicht bekanntes Problem ist, dass bei einem Blackout auch kein Strom aus dem Sonnenkollektor zur Verfügung steht, weil das E-Werk die gesamte Anlage abschaltet. Nur über den Backup-Anschluss steht weiter Energie zur Verfügung, die jedoch davon abhängt, ob die Sonne gerade scheint und in welcher Intensität. Mit einer Batterie kann die

---

[4] (fronius, 2025)
[5] (sungrow, 2022)

Energie gepuffert werden, doch die kleinste Batterie von Sungrow hat 9 kWh und kostet ca. 6.000 Euro. Das war mir erst einmal zu viel.

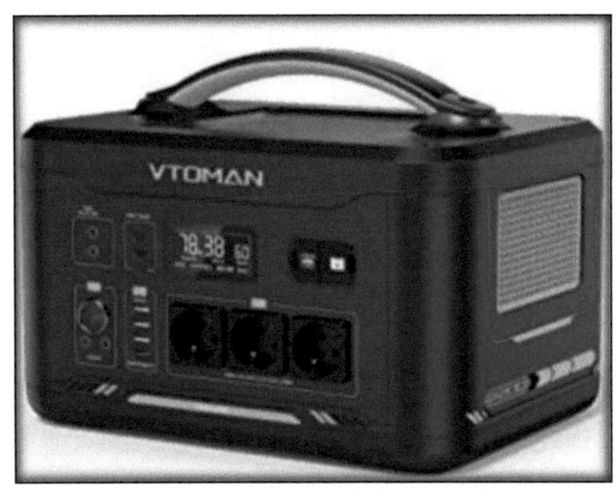

Abbildung 3: VTOMAN Powerstation als Notstromakku anstelle von (G)

Auf der Suche nach einer wenigstens provisorischen Lösung für Notstrom bin ich auf die Powerstation von VTOMAN Jump 2200 aufmerksam geworden.

Tragbare Powerstation 2200W, 1548Wh Solargenerator mit erweiterbarer Kapazität, 2200W LiFePO4 Akku mit konstanter Leistung und Starthilfe, Dual 100W PD, 3×Geregelter 12 V/10 A DC-Ausgang.

Nur Akkus von Sungrow oder ähnlichen, die von Sungrow zugelassen sind können an den Inverter angeschlossen werden. Daher kann das Laden der Powerstation nur über das bestehende Netz erfolgen und nicht über die PV-Module. Das Netzteil mit 220 V und 180 Watt Ladeleistung lässt somit in Abhängigkeit vom Verbrauch nur einen Stromausfall von ca. einem Tag zu. Daraus folgt, dass sehr genau berechnet werden muss, was an diesem Notstrom hängt und das sind:

Tiefkühlschrank mit 50 Watt, Kühlschrank mit 50 Watt, WLAN-Router mit 40 Watt, die Gasheizung erlaubt Heizung und Duschen 110 Watt, die Stellantriebe für Gasheizung 6 x 3 Watt = 18 Watt, der Pelletofen erlaubt Heizung in den Wohnräumen mit 8 Watt, das Fernsehgerät ist nicht angeschlossen, Lademöglichkeiten für Tablett, PC, Mobil, Licht über Akku-LED-Lampen. Zum Kochen haben wir einen Herd, der mit elektrischen Platten und Gasbrennern ausgerüstet ist. Im Blackout können wir daher mit Gas kochen. Einschränkungen sind nicht vorhanden. Die Frage lautet nur, wie lange diese Notlage besteht und wie die Umgehung verlängert werden kann. Eine Messung mit dem Shelly 50 EM brachte bessere Durchschnittswerte.

Abbildung 4: Durchschnittlicher Verbrauch der angeschlossenen Notstromgeräte

Der durchschnittliche Verbrauch von ca. 60 Watt ermöglicht bei einer maximalen Batteriekapazität von 1500 Watt rund 25 Stunden Notstrom bei Netzabschaltung.

Der Stromüberschuss – erste Erfahrung

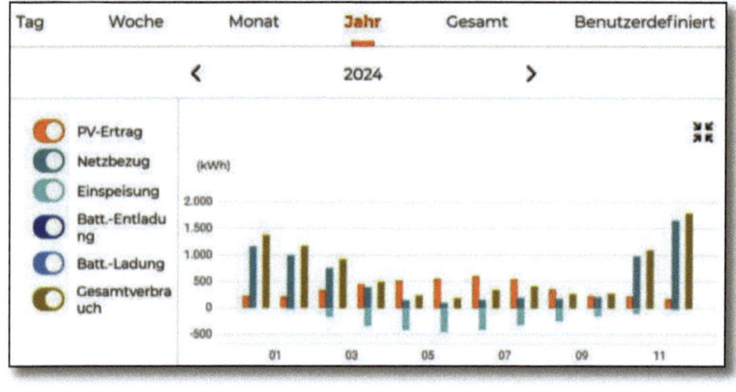

Abbildung 5: Stromverbrauch und -erzeugung 2024

Der Stromverbrauch war insgesamt von 5.000 kWh auf 5.990 kWh gestiegen, doch der Gasverbrauch sank nahezu auf null. In den Monaten Dezember, Januar und Februar wird der Pelletofen zu 100 % für den Wohnbereich benutzt. In den anderen Heizmonaten nur zu einem Teil, da die Wärmepumpe auch den Wohnbereich mitversorgen kann. Das erklärt die Abnahme der kWh bei der Pelletheizung. Die Ersparnis liegt pro Jahr bei ca. 2.000 Euro.

Die ersten Tage im September bei Sonne erbrachten knapp 20 kWh/Tag. Bei einem Verbrauch von 10 kWh/Tag lieferten wir einen Überschuss von nahezu 100 % an die HEP. Es stellten sich zwei Fragen: Was zahlt die HEP und was können wir mit dem Überschuss selbst machen? Zu diesem Zeitpunkt hatten wir noch keine Übersicht über das ganze Jahr und daher schien die Verwendung für die Heizung sinnvoll zu sein.

Im Vertrag steht eine Formel für einen Durchschnittspreis, doch dieser entsteht nur, wenn auch nachts Strom an die HEP geliefert wird. Ansonsten ist es der Tagespreis, dass die Sonnenkollektoren nur am Tage Strom produzieren. Unser Preis für Strom am Tage beträgt 12 Cent pro kWh. Die HEP übernimmt die Pufferung für unseren Strom zum Preis von 6 Cent. Wir brauchen in diesem Fall keine Batterie, obwohl diese Möglichkeit besteht. Zwei Jahre später haben wir eine bessere Verbrauchsübersicht. Der jährliche Verbrauch für die Haushaltsenergie betrug um die 5 kWh pro Jahr. Die PV-Anlage mit 3,5 kWP (P= peak) um die 4.300 kWh pro Jahr. Somit wurde durch die Pufferspeicherung des Energieanbieters fast der gesamte Haushaltsstrom gedeckt.

Die Idee, unsere Gasheizung durch Stromheizung zu ersetzen

Unsere Hauptheizungsanlage besteht aus einer 28 kW Vaillant-Gasheizung mit Durchlauferhitzung für Warmwasser, Duschen. Der Gasverbrauch für Duschen und Kochen ist jedoch unerheblich. Weiterhin benutzen wir eine 7 kW Pelletheizung für die Wohnräume und bei Not können wir noch zwei elektrische Ölradiatoren anschalten. Alle drei Heizungen erfordern elektrische Energie zum Betrieb. Womit zum Zeitpunkt eines Blackouts keine Heizung vorhanden wäre. Die Pelletheizung benötigt 8 Watt für die Förderung und die Anzeige. Sie wurde somit zum ersten Kandidaten für den Notstrom.

Nach der Installation der Sonnenkollektoren dachte ich, dass die neue Energie auch für die Heizung genutzt werden könnte. Die Gastherme sollte nicht abgeschafft werden, sondern die Wärmepumpe sollte mit der Gastherme als Hybridheizung arbeiten. Wobei die Gastherme die Überlastspitze zu tragen hätte.

Später gelang es auch, die Vaillant-Gastherme so umzubauen, dass sie mit Notstrom läuft und von der Wärmepumpe aus angesteuert werden kann.

Verwendung für Heizung

10 kWh mit 0,12 Euro macht eine Zahlung von HEP von 1,20 Euro pro Tag aus. Da der Preis für elektrische Energie hier in Kroatien sehr niedrig ist, begannen wir zu überlegen, ob wir statt Gas lieber elektrisch heizen sollten. Die Idee war, die Gasheizung beizubehalten, jedoch an den Heizkreislauf einen Pufferspeicher anzuschließen, der über Heizelemente aufgeheizt wird und dann die Wärme durch eine separate Steuerung in den Heizkreislauf abgegeben wird. Da die Heizung bei uns maximal mit einer Vorlauftemperatur von 60 Grad betrieben wird, war dies auch ohne Probleme möglich, obwohl wir normale Heizkörper haben. Falls das nicht ausreicht, können wir jederzeit die Gasheizung hochdrehen. 40 kWh zum Tagespreis für den vollen Ersatz der Gasheizung machen einen Betrag von 5,20 Euro/Tag aus und für die Heizperiode von 8 Monaten ca. 1.250 Euro und sind damit noch billiger als das Gas. Weitere Ersparnisse ergeben sich bei Umsetzung auf Nachtstrom von 6 Cent pro kWh und steuerbare Heizkörperthermostate. Dies unter Berücksichtigung, dass die Solarenergie nicht vorhanden ist.

Die Aufteilung der Heizung

Insgesamt beträgt die zu beheizende Fläche 224 m². Davon werden durch den Pelletofen ca. 80 m² Büro, Wohnzimmer und Küche geheizt. Die Gasheizung beheizt kontinuierlich die 80 m² Schlafzimmer, Bad und Korridor und bei höheren Temperaturen auch Wohnzimmer, Büro und Küche. Das Obergeschoss mit 64 m² wird nur gelegentlich geheizt und permanent nur bei unter 8 Grad. Insgesamt gibt es 14 Heizkörper.

Energiebedarf der Heizung vor dem Betrieb der Wärmepumpe

Der Energieverbrauch für Heizung betrug pro Jahr ca. 20.000 kWh mit Kosten von ca. 2.550 Euro, die sich wie folgt aufteilen.

Energie und Kosten	Vor Investition		Nach Investition			COP 3	
	kWh	Euro	kWh	Euro	Euro/kWh	Euro/kWh	Umrechnung
Haushaltsstrom	5.000	625,00	5.983	758,00	0,13		
Gasheizung	12.000	1750,00	50	8,00	0,16	0,05	7,17 kWh/Ltr.
Pelletofen	8.000	800,00	5.000	500,00	0,10	0,03	4,8 kWh/kg
Benzinauto 5.000km/Jahr 7 Ltr.	3.000	530,00	3.000	530,00	0,18		8,5 kWh/Ltr
Summe	28.000	3705,00	14.033	1796,00			

Abbildung 6: Aufteilung des Energieverbrauchs und der Kosten vor und nach der Investition

Gasverbrauch

Jedes Jahr benötigten wir 1470 Liter Gas, was jedoch häufig nicht reichte und nachbestellt werden musste. 1 Liter Flüssiggas enthält 6,51 kWh bezogen auf den Heizwert und 7,106 kWh bezogen auf den Brennwert des Gases. Der Gasverbrauch pro Jahr betrug 1470 Liter mit 10.437 kWh (1470 * 7,1 = 10.437 kWh) und kostete 1.522 Euro. Geschätzt haben wir ca. 12.000 kWh verbraucht mit Kosten von 1750 Euro.

Pelletverbrauch

In der Regel verbrauchten wir pro Jahr 1,5 Paletten Pellets. Das sind 1575 kg. 1 kg Pellets hat 4,8 kWh. Die Wärmeleistung beträgt damit 7.560 kWh. Der Preis von einer Palette lag bei 450 Euro, insgesamt also bei 675 Euro pro Jahr.

Die Heizkörper

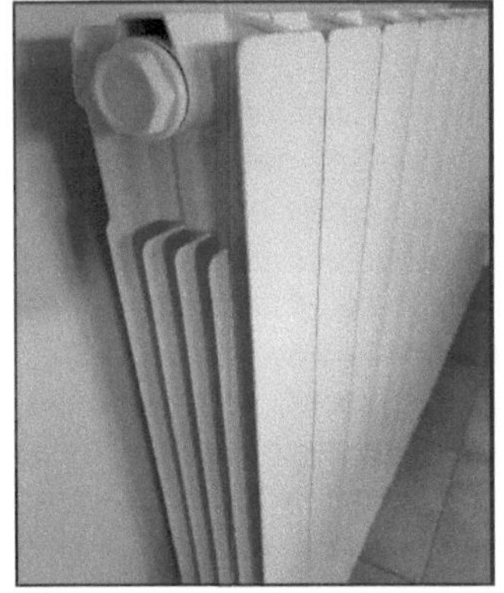

Abbildung 7: Heizkörper älterer Bauart

Unsere Heizkörper sind zwar 20 Jahre alt. Sie sind keine modernen Flächenheizkörper für Niedrigtemperaturen, aber auch keine älteren Gliederheizkörper. Mit ihrer Oberflächenbeschaffenheit erfüllen sie bei unserer Niedrigtemperatur ihren Zweck. Veränderungen bei den Heizkörpern waren nicht erforderlich. Allerdings veränderten wir die Ventile.

Der Pufferspeicher

Abbildung 8: Der Pufferspeicher

Anfangs dachte ich an einen 300 Liter Speicher, entschied mich aber später für 500 Liter und für unsere Anlage war das ausreichend. Es wurde ein CAS 503 (465 Liter), deren Firma Centrometal d.o.o. aus Zagreb.[6]

Ich bestellte den Pufferspeicher und als er da war, musste ich feststellen, dass die Heizelemente nicht installierbar waren. Erst da wurde mir bewusst, dass ich einen logischen Denkfehler begangen hatte. Zwischenzeitlich hatte ich mich mit Wärmepumpen beschäftigt und festgestellt, dass 1 kW elektrische Leistung einer Wärmeleistung von ca. 4 kW entsprechen kann. Das heißt, ich benötigte für die 40 kWh/Tag Gasverbrauch nur 10 kW/Strom pro Tag, den hatte ich im Sommer, wie viel im Winter zur Verfügung stand, wusste ich noch nicht. Die Heizelemente benötigte ich nicht. Der Pufferspeicher nimmt die Wärmeenergie aus dem Kreislauf mit der Wärmepumpe auf und kann dann schnell auf größere Wärmeabflüsse reagieren. Er sorgt auch dafür, dass die Wärmepumpe weniger häufig ein- und ausschalten muss, was den Verschleiß reduziert und die Lebensdauer erhöht.

---

[6] (Centrometal, 2022)

Unsere Wärmepumpe

Abbildung 9: Luftwärmepumpe Mitshubishi 1,7 kW Anschluss und 7,2 kW Wärmeleistung

New Energy B2.0S Luft Wasser Scroll Wärmepumpe 7,2 KW 230 V Mitshubishi[7].

Die Wärmepumpe hatte ich in Berlin bei der Firma Gondzik bestellt. War erstaunt, dass die Lieferung billig war und es überhaupt möglich war. Innen kam sie von Hitachi, außen von einer chinesischen Firma.

Der Verbrauch ist allerdings sehr gering. Die Ausgangsleistung beträgt zwar nur ein Viertel der Gastherme, doch wir haben nur selten die Gastherme über 50 % ihrer Kapazität betrieben. So waren wir neugierig, ob das reichen würde.

Im Jahr 2024 bei drei Monaten mit einer Außentemperatur zwischen 32 und 35 Grad entschied ich mich, obwohl ich damit sehr zufrieden war, diese zu verkaufen und kaufte eine von der gleichen Firma, die eine fast doppelt so hohe Wärmeleistung von 12,5 kW hat und darüber hinaus auch kühlen kann. Wir werden in 2025 erstmals erleben, wie Kühlung über Heizkörper funktioniert.

---

[7] (Gondzik, New Energy B2.0S Luft Wasser Scroll Wärmepumpe 7,2 KW 230V Mitshubishi, 2022)

Abbildung 10: Mitsubishi Inverter NL-345II/R32

Die New Energy NL-B345II/R32 mit 12,5 kW[8] Maximalleistung ist eine Inverter Wärmepumpe. Sie reguliert sowohl die Leistung des Verdichters entsprechend der Temperaturdifferenz aus Soll- und Ist-Temperatur. Sie besitzt einen integrierten 80 Liter Speicher, wodurch der Einsatz eines Pufferspeichers obsolet wird. Der vorhandene Pufferspeicher erweiterte die Gesamtpufferspeicherung. Könnte aber auch für Warmwasser und Dusche verwendet werden.

Diese Wärmepumpe kann heizen und kühlen. Die Wärmepumpe besitzt ein Brauchwassermodul, WLAN (Appsteuerung), 2 KW Heizstab und invertierte Lüfter mit Geschwindigkeitsregulierung für den leisen Betrieb. Den Heizstab der Wärmepumpe habe ich wegen der Unwirtschaftlichkeit auf sehr niedrige Temperaturen gesetzt. Er ist somit noch da, wird aber nicht benutzt.

---

[8] (Gondzik, New Energy NL-B345II/R32 Luft Wasser Inverter Wärmepumpe 5 – 12,5 kW 230V 50Hz Mitshubishi R32 WLan, 2024)

55℃ outlet water temp.		
Air Temp.	Heating Capacity	COP
−15	4120	1.27
−10	4710	1.56
−5	5300	1.85
−2	5650	2.06
2	6480	2.14
7	8750	2.82
15	10250	3.66
20	11780	3.84

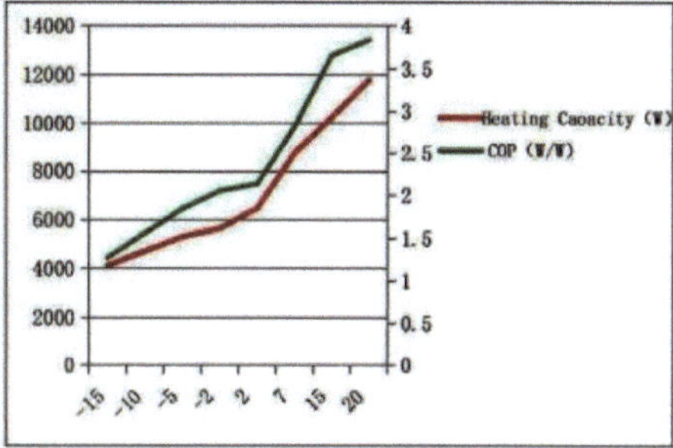

Abbildung 11: Wärmekapazität und COP bei Außentemperatur

Der ermittelte COP von 3,25 entspricht einer Durchschnittstemperatur von ca. 10 Grad.

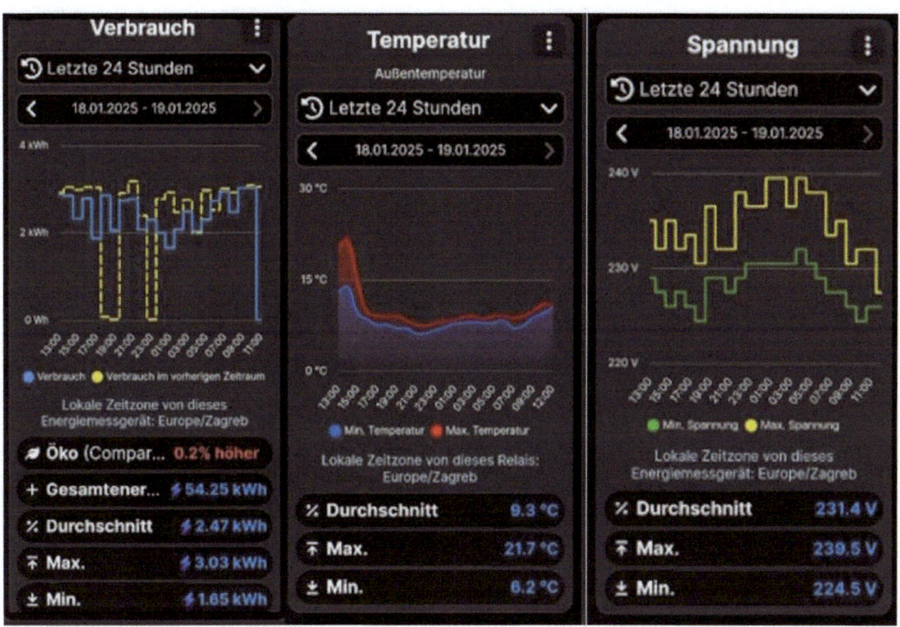

Abbildung 12: Verbrauch der Wärmepumpe, die Außentemperatur und Spannungsschwankungen

Laut Angaben soll die verbrauchte Leistung zwischen 0,5 und 3,2 kW schwanken, um An- und Abschaltvorgänge zu vermeiden, um die Lebensdauer zu verlängern. Die mit dem Shelly 1 EM50 ermittelten Werte zeigen eine Auslastung von ca. 77 %. Überrascht haben die großen Spannungsschwankungen des E-Werkes.

Die Installation und Anschluss an unser Heizsystem

Bei der Aufstellung des Pufferspeichers und der Wärmepumpe half mir unser Maurer. Der Heizungsanschluss gestaltete sich schwierig. In der Zwischenzeit hatte ich Eingriffe am Vaillant vorgenommen, um eine externe Pumpe zu vermeiden und den Vaillant auf einen Blackout vorzubereiten. Dabei unterlief mir ein Fehler und der Vaillant funktionierte nicht mehr. Ich rief den Störungsdienst von Vaillant an und sie kamen, um sich das anzusehen. Inzwischen hatte ich den Fehler gefunden. Sie sahen sich an, was ich vorhatte. Wir diskutierten das und die Firma von Vaillant forderte eine zusätzliche Pumpe für den Heizungskreislauf. Wenn ich die Pumpe hätte und so weit sei, würden sie das machen. Und sie machten das super.

Allerdings waren sie sich sicher, dass ich noch ihre Hilfe benötigen würde. Doch am nächsten Tag waren sie überrascht, dass der Pufferspeicher die gewünschte Temperatur hatte und die Heizung lief.

Die Heizungssteuerung

Nun, ich bin weder ein Heizungstechniker noch hatte ich vorher Kenntnisse über Solartechnik, dafür aber genügend Kenntnisse in Elektrotechnik, Elektronik und Programmierung. Die größten Schwierigkeiten bestanden im Schweigen der angeschriebenen Firmen, wenn es um technische Fragen ging. Folglich war Nachdenken angesagt, wenn bestimme Funktionen nicht erklärbar waren und schließlich ausprobiert werden mussten. Wozu dann auch etwas Mut gehörte, weil es auch hätte schief gehen können, besonders mit der Gastherme.

Bei den getätigten Entscheidungen gab es auch Fehlinvestitionen, die ich nicht verschweigen möchte. Besonders dann, wenn die technischen Beschreibungen nicht mit den Eigenschaften des gelieferten Gegenstandes übereinstimmten. Ich schätze den Betrag der Fehlinvestitionen auf ca. 500 Euro und sehe das als sogenanntes Lehrgeld an. Gelernt habe ich sehr viel. Besonders, wenn man die praktischen Erfahrungen mit der Berichterstattung in der Presse abgleicht, die aufgrund der hervorragenden Arbeit der fossilen Lobby überwiegend negativ ausfallen.

Weiterhin war es schwierig, teure fertige Elemente der Steuerung so einzuschätzen, dass sie meine Bedingungen erfüllten. Es war einfacher, die Steuerung selbst zu konzipieren und zusammen zu bauen. Womit auch die Möglichkeit bestand, jederzeit Änderungen vorzunehmen. Davon gab es dann reichlich.

Gerade in der Heizungssteuerung lag ein großes Einsparpotenzial, weil nur die Räume beheizt werden mussten, die auch benutzt wurden.

Überlegungen zur Wärmepumpe

Die Wahl der Wärmepumpe war begrenzt durch meine Absicht, einphasig zu bleiben. Dies bedeutete, dass maximal für den gesamten Stromverbrauch im Haushalt 9 kW zur Verfügung stehen könnten und aktuell lag die Begrenzung bei 7 kW. Ein große Wärmeentnahme in kurzer Zeit aus dem Puffer war nicht zu erwarten, da die Differenz im Kreislauf von Puffer und Wärmepumpe zwischen dem Input und Output der Wärmepumpe nur wenige Grad an Temperaturgewinn (ca. 2-5 Grad) ausmacht. Die Entnahme war abhängig von der Leistung der Wärmepumpe. Mehrere Verbraucher mit bis zu 2 kW und Sauna mit 3 kW und die obere Wohnung mit 2 kW ließen den Anschlusswert für die Wärmepumpe drastisch sinken. Die Grenze lag bei ca. 4 kW ohne Erweiterung auf die maximale Grenze von 9 kW, wenn die Wärmepumpe abgeschaltet und durch die Gastherme (nur im Winter) ersetzt werden konnte, bei Nutzung von Sauna und oder mehrerer Geräte mit hohen Verbrauchswerten.

Die Pumpe zwischen Wärmepumpe und Pufferspeicher läuft immer und steuert die Ein- und Ausschaltung bzw. Absenkung der Leistung durch die Temperaturdifferenzermittlung in der Wärmepumpe (Monoblock).

Für den Fall, dass die Leistung nicht ausreicht, wäre es auch möglich, auf einer zweiten Phase mit einer weiteren Wärmepumpe und/oder einer weiteren PV-Anlage die Leistung zu erhöhen. Die Investitionskosten der Geräte für 3 Phasen sind komplizierter und daher auch sehr viel teurer.

Steuerung der Pufferpumpe

Die Pufferpumpe beheizt den Heizkreislauf aus dem Pufferspeicher. Die Heizleistung ist begrenzt einerseits durch 500 Liter plus 80 Liter in der Wärmepumpe und andererseits durch die Leistung der Wärmepumpe, die für den notwendigen Wärmenachschub sorgt.

Bei der Steuerung orientierte ich mich am Verhalten der Vaillant-Gas-Therme. Sie prüft in regelmäßigen Abständen, wie hoch die Rücklauftemperatur ist und schaltet sich ein, solange diese zu tief ist.

Mit dem Relais für Zeitintervallsteuerung CRM-2H war es möglich, die Zeitabstände für die Prüfung der Rücklauftemperatur, die Dauer der Prüfung und die Pause bis zur nächsten Prüfung sehr fein zu bestimmen. Mit dem Temperaturdifferenzrelais RJ402 konnte dann die Pufferpumpe so lange laufen, bis erkannt wurde, dass der Rücklauf den geringeren Wärmebedarf signalisierte, der dann zustande kam, wenn die Heizkörper keine Wärme mehr brauchten, weil sie keine Wärme mehr abgaben.

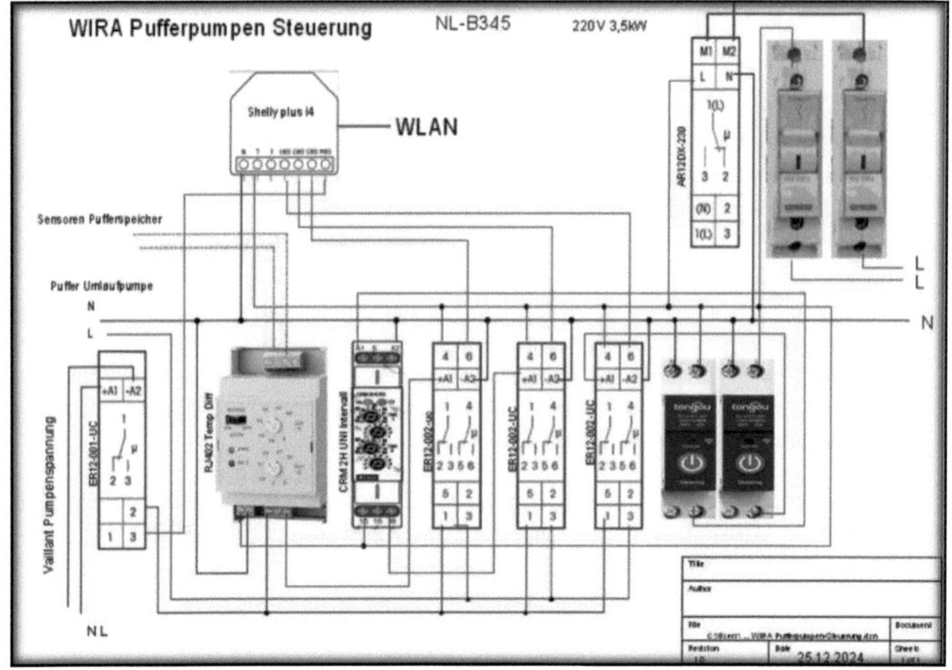

Abbildung 13: Pufferpumpensteuerung

Das alles wollte ich über WLAN steuern. Mit dem rechten Tongou WLAN Zeitrelais (Smart Life WiFi 1 P) konnte ich die Pumpe auf Dauer einstellen, während das linke Tongou WLAN Zeitrelais die Intervallsteuerung bediente. Das Shelly i4 Gen3 mit der Shelly App über WLAN sorgte für eine gute Übersicht bei den 4 Eingängen bezüglich des Heizungzustandes:

- Dauerbetrieb war ein- oder ausgeschaltet.
- Intervallbetrieb war ein- oder ausgeschaltet.
- Temperaturdifferenzrelais war ein- oder ausgeschaltet.
- Die Pumpe an der Vaillant-Gas-Therme war ein- oder ausgeschaltet.

Punkt 4 war insofern wichtig, da die Pufferpumpe nur dann laufen sollte, wenn die Vaillant-Gas-Thermenpumpe nicht lief. Somit war ohne Mischventile sichergestellt, dass bei Absenkung der Temperatur die Vaillant-Gas-Therme einsprang und die Pufferpumpe abstellte. In der Zwischenzeit konnte die Wärmepumpe den Pufferspeicher auf die notwendige Temperatur bringen und dann die Vaillant-Gas-Therme automatisch abschalten. Die Pumpenspannung der Vaillant-Gas-Therme wird zur Steuerung mit dem Relais ER12-001 benutzt.

Die Shelly App zeigt an, dass die Intervallsteuerung in Betrieb ist und mit der hohen Temperaturdifferenz das Differenz-Relais gehalten wird und die Pufferumlaufpumpe läuft:

- S-Dauer, die Puffer-Umlaufpumpe ist auf Dauerbetrieb ausgestellt.
- S-Intervall, das Intervallrelais ist eingeschaltet.
- S-Temp-Diff, die Rücklauftemperatur ist noch zu kalt. Das Relais wird gehalten und die Puffer-Umlaufpumpe ist eingeschaltet.
- S-V ON, die Vaillant-Umlaufpumpe läuft und schaltet die Puffer-Umlaufpumpe ab.
-

Abbildung 14 Zustand der Pufferpumpensteuerung in Shelly App

Ansteuerung für den Vaillant

Die Wärmepumpe soll in einem Temperaturbereich von 53 bis 55 Grad arbeiten. Sackt die Temperatur unter 51 Grad ab, weil die erzeugte Wärmeleistung nicht ausreicht, so wird die Vaillant-Gas-Therme angesteuert. Gleichzeitig wird die Pufferumlaufpumpe abgeschaltet. Die Vaillant-Gas-Therme übernimmt die Heizungsversorgung, bis die Wärmepumpe die Temperatur des Pufferspeichers wieder auf 53 Grad gebracht hat. Die Zusatzheizung durch die alte Gasheizung hat den Vorteil, dass in sehr kalten Wintern die erforderliche Heizungswärme zur Verfügung steht, ansonsten wird die Gas-Therme aber nur für Warmwasser genutzt.

Die Grenzen für die Ansteuerung der Vaillant-Gas-Therme werden durch das Shelly 1 PM in Verbindung mit dem Shelly ADDON festgelegt. Dafür ist nur der Temperatursensor oben am Pufferspeicher notwendig. Der Shelly ADDON verarbeitet aber noch weitere Sensoren. Ich habe darüber noch den Außentemperatursensor, den unteren Pufferspeichersensor und einen anlogen Eingang mit dem Schalter des Relais zur Feststellung, ob die Wärmepumpe läuft oder nicht, belegt.

An der Vaillant-Gas-Therme befindet sich das Shelly 1 GEN3 Relais, welches über das Shelly Plus 1pm über WLAN mit einem http-Befehl angesteuert wird und dem entsprechend die Gas-Therme ein- bzw. ausschaltet.

Der Anschluss über das Netz erfolgt über die Notstromversorgung. Damit ist es möglich, auch bei einem Blackout (Netzausschaltung), die Dusche und die Heizung zur Verfügung zu haben (siehe auch unter Notstrom).

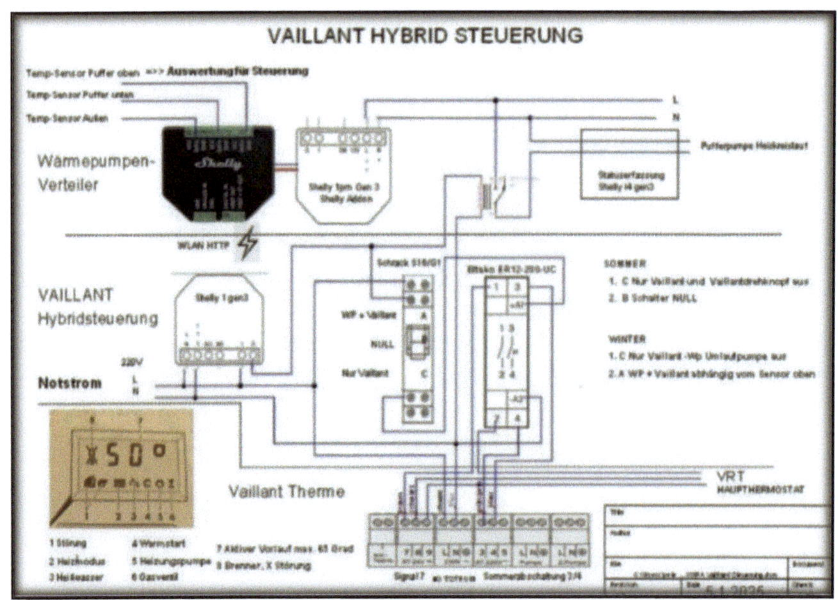

Abbildung 15: Vaillant Hybrid-Ansteuerung

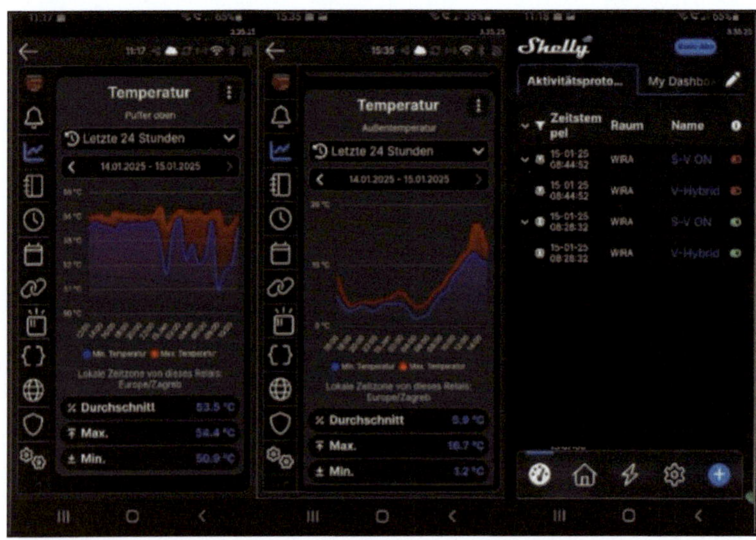

Abbildung 16: Ansteuerung vom Vaillant bei oberer Puffertemperatur unter 51 Grad

Alle Daten sind dann aktuell und im Zeitablauf in der Shelly App zu sehen:

- Temperatur Puffer oben
- Außentemperatur
- Status der Wärmepumpe (ein oder aus), die Ein- und Ausschalttemperaturgrenzen sind frei einstellbar.

Steuerung der Heizstränge

Ein großes Problem älterer Heizung ist die ungleichmäßige Wärmeverteilung im Haus durch einen fehlenden hydraulischen Abgleich. Daher werden mache Räume überhitzt und andere werden unzureichend beheizt. Die Steuerung der Heizstränge und der automatisch angepassten Ventilsteuerung verhilft zu einer Wärmeverteilung, wo sie gebraucht wird und dort reduziert wird, wo sie nicht gebraucht wird.

Die Stränge der Heizungsanlage sollten nach diesen Vorgaben gesteuert werden. Ich baute die Verteiler der Heizungsanlage so um, dass ich mit WLAN-gesteuerten Zeitschaltuhren die betreffenden Bereiche an und ausschalten konnte. Dazu benutze ich Smart Life WiFi 1 P mit der Tuya App von TONGOU[9] und die üblichen thermoelektrischen Schalter in den Verteilungen.

Abbildung 17: Heizverteiler mit 5 Strängen und 4 thermischen Stellantrieben

Insgesamt gibt es im Haus 6 Heizstränge:

---

[9] (tongou, 2024)

- EG (4): Schlafzimmer, Korridor und Bad, Wohnzimmer, Eingang und Büro und
- OG (2): Schlafzimmer und Wohnbereich mit Küche und Bad

Der kleine Verteilerkasten über dem Heizverteiler enthält eine Sicherung zur Abschaltung der thermischen Stellantriebe und die 4 Smart Life WIFI Schalter, mit denen die Stränge über eine App kontrolliert werden können.

Ventilsteuerungen

Es funktionierte nicht richtig mit den Temperaturen in den Räumen. So entschied ich mich schließlich noch zusätzlich für eine WLAN-Heizkörper Steuerung von netatmo.[10]

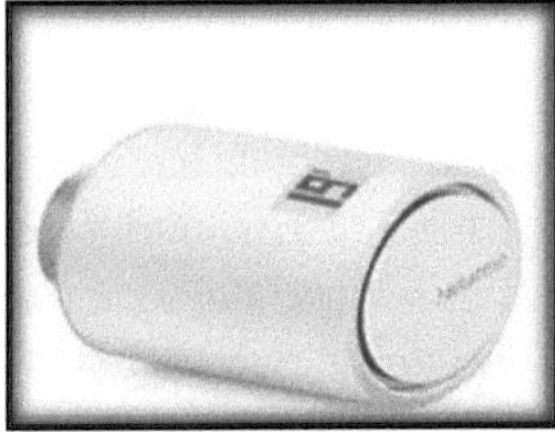

Abbildung 18: WLAN Ventilsteuerung von netatmo

Abbildung 19: Shelly BLU TRV und BLU GATE

Doch mit der Kenntnis der Shelly-Produkte begann ich diese auszutauschen, da die Steuerung der Shelly BLU TRV besser war und die

---

[10] https://www.netatmo.com/de-de

Kontrolle über die Wirkungsweise auch einfacher vorgenommen werden konnte. Beide Systeme funktionieren über bluetooth. WLAN-Ventile verbrauchen zu viel Strom. Der besondere Vorteil der Shelly-Ventile ist die Kontrolle über die IP- und Mac-Adressen (Internet-Adresse und physische Adresse des Gerätes), die häufig Konflikte erzeugen, die sonst nicht gelöst werden können. Für Personen, die sich damit nicht auskennen, empfehle ich daher eher netatmo.

Abbildung 20: Shelly BLU H&T Thermostat

Der Shelly BLU TRV hat eine Verbindung in bluetooth zum BLU GATE, welches als USB-Teil ein separates handelsübliches Netzteil benötigt und die Verbindung zum WLAN herstellt. Die Position der Ventile an den Heizkörpern ist jedoch nicht sehr günstig, da sie meist unter dem Fenster liegen und Schwankungen in der Temperatur ausgesetzt sind. Das Shelly BLU H&T sorgt für eine stabilere Steuerung der Temperatur, da die Wärme- und Kälteeinflüsse direkt am Fenster damit kompensiert werden können.

Ventilkontrolle über die Shelly App

Abbildung 20: Ventilkontrolle über die Shelly App

Die Ventilsteuerung kann über die Shelly App gut kontrolliert und im Bedarfsfall auch direkt am Ventil verändert werden. Die Temperatur von 17 Grad ist die aktuelle Temperatur eines Schlafzimmers, die von 17,5 Grad ist die Solltemperatur und das Ventil ist zu 100 % offen. Mit dem Schalter Boost kann die Ventilöffnung auf 100 % für eine an anderer Stelle vorgegebene Zeit eingestellt werden. Mit dem Schieberegler kann die gewünschte Zieltemperatur verändert werden. Sie kann außerdem direkt am Ventil eingestellt werden.

Abbildung 21: Shelly H&T Gen3

Das Shelly H&T Gen3 zeigt Temperatur und Feuchtigkeit an. Derzeitig wird es bei uns zur Kontrolle der Temperatur genutzt. Das Gerät ermöglicht ›http und bluetooth‹ Kompatibilität. Doch die Möglichkeiten sind umfassender, da es sämtliche verfügbaren IP-Protokolle nutzen kann und damit umfangreiche Steuerungen erlaubt.

Software

Damit war jeder Raum separat über eine App (Shelly oder netatmo) zeitabhängig steuerbar.

Wir benutzen nun erstmals seit 2005 die Heizkörper im Wohnzimmer und Büro. Sehr interessant war, dass die Heizkörper in den Schlafzimmern nur kurz vor dem Schlafen gehen, warm sein mussten, um ein angenehmes Gefühl zu haben. Die eigentliche Zimmertemperatur war nicht so wichtig.

Heute läuft die Steuerung über die dezentrale WLAN-Heizkörpersteuerung, die Intervallsteuerung, die aber abgeschaltet werden kann, über Zeitsteuerungen, die in den Verteilern die Leitungen ein- und ausschalten und eine Steuerung, die die Intervallsteuerung überbrückt.

Die Idee für den Kauf eines Elektroautos

Verbrauchsersparnis bei kostenloser Ladung durch PV-Anlage

Es lag nahe, sich Gedanken über den Kauf eines Elektroautos zu machen, wenn es kostenlos durch die Sonnenkollektoren geladen werden kann.

Für mich als Rentner sind die Verbrauchskosten für ein Auto nicht sehr hoch. Benzin hat einen Heizwert von ungefähr 8,5 kWh pro Liter. Bei einem Tankbedarf von rund 350 Litern pro Jahr liegt der Energiebedarf bei 3.000 kWh/Jahr. Bei einem Preis von 1,50 Euro pro Liter entstehen Ausgaben von 530 Euro pro Jahr. Das scheint nicht viel zu sein, doch die Zukunft ist ungewiss. Mit der Verringerung der Nachfrage nach fossilen Brennstoffen steigen die Fixkosten der Unternehmen. Die Strompreise sollten bis auf Weiteres stabil bleiben, während Benzin- und Dieselpreise auch politisch durch die CO_2-Abgabe weiter steigen. Somit ist mit einem Anstieg der Energiekosten für Benzin, Diesel und Gas zu rechnen.

Verglichen mit einem Benzinauto beträgt für Normalverbraucher in Deutschland die durchschnittliche Jahresfahrleistung je Pkw 12.545 Kilometer.[11] Aus durchschnittlichen 7,7 Litern pro 100 km ergibt sich ein Verbrauch von 960 Litern mit einem Heizwert von ca. 8.100 kWh.

Ein Liter Benzin kostete 1,82 Euro und damit liegen die Gesamtkosten pro Jahr bei ca. 1.750 Euro pro Jahr. Für ein E-Auto ergeben sich folgende Ersparnisse:

- Von der eigenen PV-Energieerzeugungsanlage genutzt ist der Verbrauch kostenlos. Ersparnis 1.750 Euro pro Jahr.
- Die durchschnittlichen Preise für Haushaltsstrom vom Stromerzeuger in Deutschland lagen dieses Jahr bei 36 Cent pro kWh. Das ergibt Kosten von 290 Euro. Ersparnis 1.450 Euro pro Jahr.
- Noch weniger wird gespart, wenn das Laden an öffentlichen Ladesäulen vorgenommen wird. Strom kostet dort nämlich im Schnitt 55 Cent pro kWh.

Für mich ist das Auto kein Statussymbol, sondern ein Gebrauchsgegenstand, der alle möglichen Ansprüche erfüllen muss. Diese sind:

- Es darf nicht mehr als 15.000 Euro kosten, da der Wertverlust gerade bei Autos sehr hoch ist.
- Die Batterie sollte mindestens für 300 km reichen, damit man auch mal weiterfahren kann. Für diese Berechnungen der Batterien geht man von einem Verbrauch von 21 kWh Strom pro 100 Kilometer aus. Die Batterie sollte daher eine Kapazität von ca. 60 kWh haben.
- Es muss bis zu fünf Personen befördern können.
- Es muss einen Laderaum haben, mit dem man 400 kg befördern kann.
- Es darf nicht zu groß sein, da es überwiegend im Stadtverkehr benutzt wird.

Doch dieses Autos gibt es nicht, bis jetzt noch nicht.

Die Automobilkrise in Europa zeigt denn auch, woran das liegt. Mit Beginn der Globalisierung 1973 durch die Kapitalverkehrs- und Wechselkursfreigabe wurde das System der

---

[11] Auf Basisdaten in 2024

Marktwirtschaft zu einem unfairen Wettbewerb innerhalb eines globalen Marktes (auch als Marktradikalismus[12] bzw. Marktfundamentalismus[13] bezeichnet), da sich die heimischen Märkte nicht mehr durch Subventionen, Mengenbegrenzungen und Zölle schützen konnten, die durch die Handelsbedingungen der WTO (World Trade Organisation) untersagt waren und der Wechselkurs durch die Kapitalbewegungen verfälscht wurde. Jetzt lieferte das Land, das den günstigsten Preis hatte, die Güter nach Europa. Mit der Deindustrialisierung der industriellen Massenfertigung in Europa gingen massenweise hochwertige Arbeitsplätze verloren, mit denen aufgrund der hohen Produktivität entweder hohe Löhne oder niedrige Preise erzielt werden konnten. So sank das Bruttosozialprodukt in Europa und stieg in den asiatischen Ländern. In diesem Wettbewerb konnte die Automobilindustrie sich nur behaupten, indem sie höherwertige Autos (Prämienautos) anbot und somit nur den Markt der oberen Gesellschaftshälfte bediente. Für die untere Hälfte gab es entweder Gebrauchtautos oder neue aus dem Ausland. Wie weit die Entwicklung durch die heimischen Autohersteller verschlafen wurde, ist auch am Beispiel von Tesla zu sehen. Kein Werk in Deutschland dachte an die Produktion eines Elektroautos.

Ein weiterer Faktor ist, dass die Forschung auf dem Gebiet der Batterien jahrzehntelang vernachlässigt wurde. Glücklicherweise nimmt diese Entwicklung Fahrt auf, sodass damit zu rechnen ist, dass es in naher Zukunft preiswerte und langlebige Autobatterien gibt, die den Preis der Elektroautos senken werden. Nun im Augenblick warte ich auf BYD (build your dreams), das chinesische Unternehmen, welches in Ungarn sein erstes Werk baut. Doch die Konkurrenz wird größer.

Verdienstmöglichkeiten

Auch wenn das nicht von mir angedacht ist, so gibt es doch auch weitere Möglichkeiten, wie die Kosten gesenkt oder die Einnahmen verbessert werden können. So schreibt Auto Bild:

»Im Schlaf Geld verdienen – das bietet ein Energieversorger jetzt Elektroauto-Besitzern an, deren Fahrzeuge bereits bidirektional laden können. Es handelt sich um das Start-up Ostrom aus Berlin. Es verkauft ausschließlich Ökostrom (daher das ›O‹ im Namen). Als Broker verfügt es über keine eigene Stromerzeugung, es handelt mit Strom. Für Elektroauto-Nutzer bietet es schon seit einiger Zeit speziellen Autostrom an. [...] Aber das ist nur der Anfang: Noch im ersten Quartal soll der virtuelle Elektroauto-Großspeicher auch für andere Fabrikate

---

[12] Marktradikalismus ist häufig mit neoliberalen Wirtschaftsmodellen verbunden, die eine geringe Besteuerung, Privatisierung von Staatsunternehmen und Deregulierung von Märkten betonen. Zu den prominenten Vertretern dieser Ideologie gehören Ökonomen wie Milton Friedman und Friedrich Hayek, die den freien Markt als Fundament für Wohlstand und individuelle Freiheit betrachteten.
[13] (Wikipedia, Marktfundamentalismus, Marktradikalismus,)

zugänglich sein. Lokale Wärmepumpen und Batteriespeicher können dann ebenfalls teilneh-men. Ostrom kündigt an, dass jedes angeschlossene E-Auto – ebenso wie andere Speicher – bis zu 300 Euro jährlich im NeoGrid verdienen wird. Martensen: ›Das kann also bei einem Haushalt mit Speicher, E-Auto und Wärmepumpe bis zu 1000 Euro ausmachen.‹«[14]

Politische Einflüsse

»Tschüss Verbrenner, hallo Elektroauto. Norwegen hat sich als erstes europäisches Land zum Ziel gesetzt, neue Verbrenner von den Straßen zu verbannen - und das zehn Jahre vor dem EU-Verbot für neue Verbrenner im Jahr 2035. Denn: Ab diesem Jahr werden die norwegischen Zulassungssteuern für neue Verbrenner drastisch erhöht. Schon ab April 2025 sollen Plug-in-Hybride satte 3850 Euro mehr kosten, reine Verbrenner 1240 Euro. E-Autos waren lange Zeit von den Zulassungs- und Mehrwertsteuern befreit - und sind es noch, wenn der neue Stromer unter 43.000 Euro kostet. Und das ist erst der Anfang: Hohe Mautgebühren und Steuern sollen fossile Antriebe aus dem Verkehr drängen.«[15]

Es wird eine Weile dauern, aber die Entwicklung ist nicht aufzuhalten. Mit der rasanten Batterieentwicklung wird der Druck zunehmen.

STATISTIKERGEBNISSE ÜBER DIE CLOUD VON SUNGROW

Zugriff auf die Cloud von Sungrow mit unserem WLAN

Alle statistischen Daten werden in der kostenlosen Cloud von Sungrow gepeichert. Die Daten werden alle paar Sekunden aktualisiert. Einerseits ist der Zugriff von außen möglich, was der Betriebssicherheit hilft, andererseits haben Außenstehende Zugriff auf das System. In Zeiten, in denen die Abhängigkeit besonders auch in militärischer Hinsicht deutlich geworden ist, ließ sich das Misstrauen gegen die Chinesen nicht verringern. Lässt sich der Inverter von außen abschalten? Eine Frage, die ich für sehr wichtig halte und der ich noch intensiver nachgehen muss.

In einem grafischen Schaubild werden die Flüsse und Höhe der elektrischen Energie zwischen den einzelnen Teilen dargestellt: Sonnenkollektor, Netz, Haushalt und Batterie (sofern

---

[14] (Wildberg, 2025)

[15] (Focus online, Neun von zehn Neuwagen elektrisch - Norwegen hat die E-Auto-Wende geschafft, weil es einen deutschen Fehler vermied, 2025)

vorhanden). Die Statistiken können für den Tag, Monat, Jahr und insgesamt angesehen werden. Die Darstellung erfolgt auch einzeln in der Höhe der jeweiligen Ströme. Zur Übersicht werden hier einige Beispiele angezeigt.

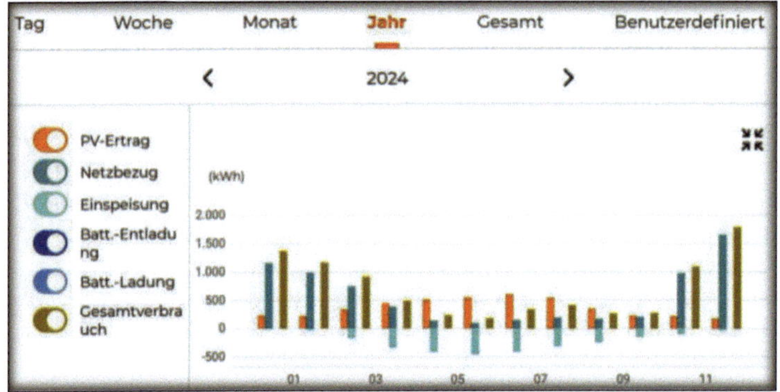

Abbildung 22: Sungrow Jahresgrafik

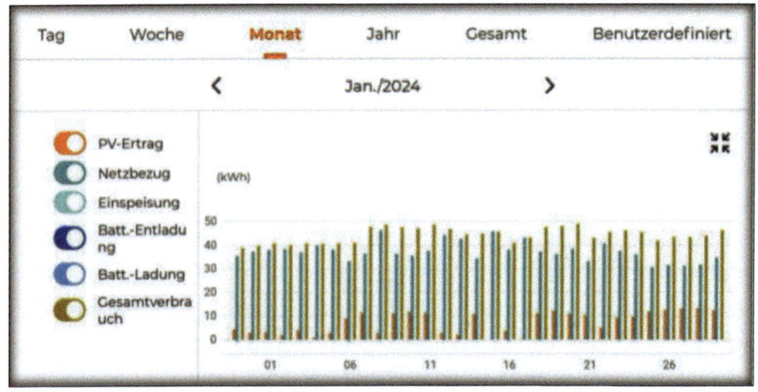

Abbildung 23: Sungrow Monatsgrafik

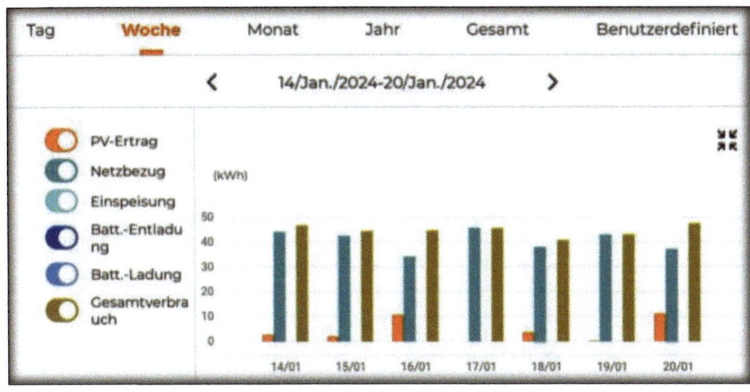

Abbildung 24: Sungrow Wochengrafik

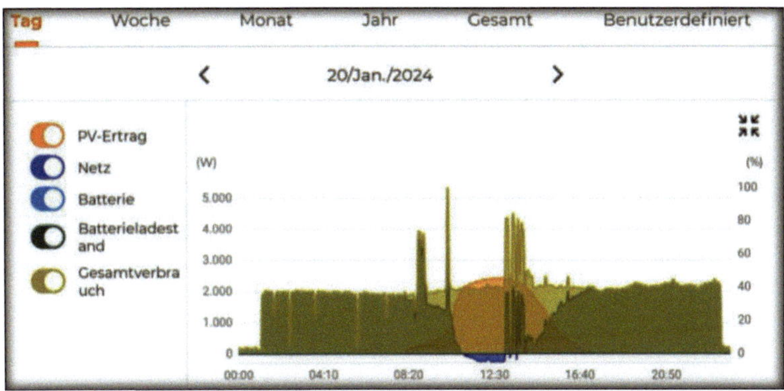

Abbildung 25: Sungrow Tagesgrafik

Ergebnisse über das Jahr 2024

Energie und Kosten	Vor Investition		Nach Investition			COP 3	Umrechnung
	kWh	Euro	kWh	Euro	Euro/kWh	Euro/kWh	
Haushaltsstrom	5.000	625,00	5.983	758,00	0,13		
Gasheizung	12.000	1750,00	50	8,00	0,16	0,05	7,17 kWh/Ltr.
Pelletofen	8.000	800,00	5.000	500,00	0,10	0,03	4,8 kWh/kg
Benzinauto 5.000km/Jahr 7 Ltr.	3.000	530,00	3.000	530,00	0,18		8,5 kWh/Ltr
Summe	28.000	3705,00	14.033	1796,00			

Abbildung 23: Energieverbrauch und Kosten im Vergleich

Wie die Tabelle zeigt, ist der Energieverbrauch um rund die Hälfte in kWh von 28.000 kWh auf 14.033 kWh gesunken, gleichfalls sanken die Kosten von 3.705 Euro auf 1796 Euro. Besonders überrascht hat uns, dass wir fast kein Gas verbraucht haben. Die gesamte Einsparung an Energiekosten betrug 1907 Euro, wie die nachfolgende Tabelle zeigt.

	COP	kWh	Euro	Wärme kWh
eigene Energiegewinnung	3,25	4.300	0,00	13.967
Mehrverbrauch kWh		983	133,00	
ENERGIEEINSPARUNG				
Gas		12.000	1.740,00	
Pellet		3.000	300,00	
Einsparung fossile Energie		15.000	2.040,00	
Mehrverbrauch elektrische Energie			133,00	
Einsparung gesamt in Euro			**1.907,00**	

Abbildung 26: Gesamte Einsparung in Euro

Die gesamte geschätzte Energieeinsparung betrug 14.017 kWh (15.000 – 983). Auch wenn in dieser Rechnung die erzeugte Wärmeleistung der Wärmepumpe fast vollständig die Energieeinsparung deckt, so ist der vollständige Verzicht auf Gas auch den Maßnahmen der Ventil- und Strangsteuerung zu verdanken.

Energieabrechnung	Euro/kWh	Rechnung	kWh mit Lieferung	kWh Gesamt
Jan. 24		186,01	1.162	1168
Feb. 24		161,51	968	998
Mrz. 24		200,00	594	760
Apr. 24		0,00	56	391
Mai. 24		0,00	-261	148
Jun. 24		0,00	-351	99
Jul. 24		0,00	-252	154
Aug. 24		0,00	-117	197
Sep. 24		0,00	-70	175
Okt. 24		0,00	62	210
Nov. 24		0,00	891	987
Dez. 24		210,26	1.637	1668
Summe	**0,11**	**757,78**	**4.319**	**6.955**
Ersparnis aus Lieferung an HEP		99,55	2.636	
Eigennutzung			1.683	

Abbildung 26: Energieabrechnung unseres E-Werkes (HEP)

Die Energieabrechnung der staatlichen HEP stellt die krassen Unterschiede des Verbrauchs zwischen Sommer und Winter dar. Hier in Kroatien kostet die kWh für Privatverbraucher am Tage 12 Cent und in der Nacht 6 Cent. Die an die HEP im Sommer gelieferten kWh bekommen wir mit 6 Cent im Winter verrechnet. Das bedeutet, dass uns eine selbst erzeugte kWh, die von der HEP im Sommer entgegengenommen und im Winter geliefert wird, am Tage 6 Cent kostet und in der Nacht 0 Cent. Eine Speicherung zwischen Sommer und Winter ist individuell aus Kostengründen unmöglich und kann nur staatlich organisiert werden. Das geschieht hier hervorragend.

Wie wichtig der Anteil der an die HEP gelieferten kWh ist, ergibt sich aus der nachfolgenden Tabelle. Er beträgt 61 % der erzeugten Energie, und ohne diese Zwischenspeicherung müsste die Anzahl der Elemente verdreifacht werden. Für die weitere Entwicklung ist dabei auch die Energiegewinnung pro Element und Jahr wichtig, die ich mit 538 kWh errechnet habe. Dieser Wert ist jedoch ortsabhängig.

Energiegewinnung		kWh	in %
Energiegewinnung		4.300	100
davon Eigennutzung	überwiegend im Winter	1.683	39
Einspeisung	im Sommer	2.636	61
Energiegewinnung pro Panel	pro Jahr	538	

Abbildung 27: Verhältnis der Energiegewinnung Sommer, Winter und Element

WIE ES BEI UNS WEITER GEHEN SOLL

Erweiterung der PV-Anlage

	COP	kWh	Euro	Wärme kWh
eigene Energiegewinnung	3,25	4.300	0,00	13.967
Mehrverbrauch kWh		983	133,00	
ENERGIEEINSPARUNG				
Gas		12.000	1.740,00	
Pellet		3.000	300,00	
Einsparung fossile Energie		15.000	2.040,00	
Mehrverbrauch elektrische Energie			133,00	
Einsparung gesamt in Euro			**1.907,00**	

Abbildung 28: Energieeinsparung, -abrechnung und Ergebnis

Eine Erweiterung, die in Richtung Energie-Autarkie gehen würde, erfordert insgesamt 24 PV-Elemente mit einer Leistung von 9.680 kWp und einen einphasigen Hybrid- Inverter mit einer Leistung von 6 kW. Doch eine reine Autarkie ist aufgrund der Sommer-Winter-Zwischenspeicherung nicht möglich. Es bleibt ein Restbetrag von 140 Euro pro Jahr, der für die Zwischenspeicherung an die HEP zu zahlen ist.

Unser Hybrid-Inverter ist auf 4 kW begrenzt. Weitere 8 PV-Elemente (dünne Linie) weisen darauf hin, dass im Sommer ein Teil des produzierten Stroms weggeworfen werden muss.

Bei Erweiterung auf insgesamt 22 PV-Elemente (dicke Linie) ist dieser Anteil noch höher, doch fällt er nicht sonderlich ins Gewicht, weil diese Höchstwerte nicht erreicht werden. Trotzdem ergeben sich daraus zwei Alternativen:

Der Hybrid-Inverter wird gegen einen mit 6 kW ausgetauscht oder ein weiterer wird angeschafft. Gedacht ist dabei an zwei Balkonkraftwerke mit jeweils 880 kWp, zusammen 1760 kWp mit einem separaten Inverter.

Ergebnisse eines Sonnentages im Sommer

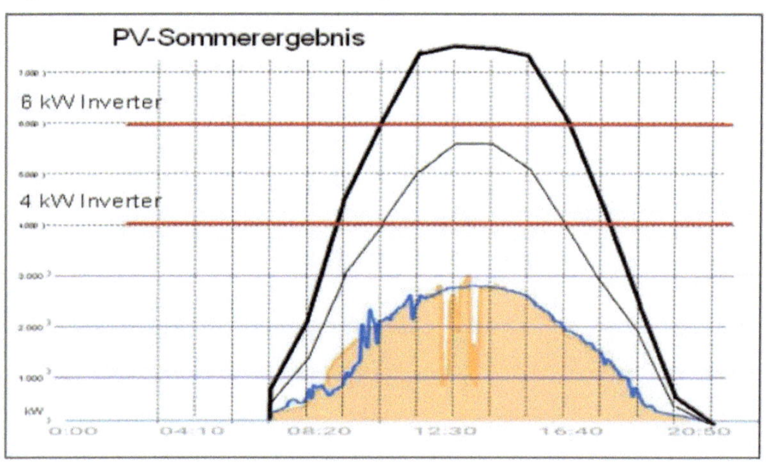

Abbildung 29: PV-Ergebnis im Sommer bei Erweiterung

Monat	kWh PV-Leistung	Prozent Leistung	Anteil Tage über 2kWh	Abzugsfaktor in %	16 Panels kWh PV	Reduzierung auf 4kW
			Berechnung bei Erhöhung der Panele auf 24 und Begrenzung des Inverters auf 4kW			
1	224	37	0,00	0,00	672	672
2	209	35	0,00	0,00	627	627
3	336	56	0,19	3,29	1.008	975
4	446	74	0,55	9,38	1.338	1.213
5	510	85	0,52	8,77	1.530	1.396
6	543	91	0,53	9,07	1.629	1.481
7	600	100	1,00	17,00	1.800	1.494
8	537	90	0,84	14,26	1.611	1.381
9	346	58	0,00	0,00	1.038	1.038
10	222	37	0,00	0,00	666	666
11	215	36	0,00	0,00	645	645
12	168	28	0,00	0,00	504	504
Gesamt	4356				13.068	12.092

Verlust in kWh	976	durch Begrenzung des Inverters
Verlust in Euro	156,21	pro Jahr bei einem Preis von 12 Cent
Ersparnis in Euro	967,34	pro Jahr bei einem mittleren Preis von 8 Cent

Abbildung 30: Erweiterung PV-Elemente auf insgesamt 24

Für die zusätzlichen PV-Elemente entsteht ein Verlust von 156 Euro pro Jahr, doch die Ersparnis dürfte um die 960 Euro pro Jahr betragen. Für die Investition der zusätzlichen 16 PV-Elemente, davon zwei Balkonkraftwerke mit 4 PV-Elementen, rechne ich mit ca. 3.000 Euro inklusive Montage.

Mit der Erweiterung der PV-Anlage werden wir auch den Bezugsstrom zu fast 100 % ersetzen können.

Zukunftsbedarf			kWh	kWh	Anzahl Panele
Elektroenergie am Tag			3.900	3.900	7
Elektroenergie in der Nacht	HEP		3.050	3.050	6
Pelletheizung in Elektroenergie	COP 3		5.000	1.667	3
Auto			3.000	3.000	6
Gesamt Bedarf 30, vorhanden sind 8				11.617	22
Aktueller Bedarf					
Panele decken den Elektrobedarf		13*538	6.994		
Panele decken den Heizungsbedarf		11*538	5.918		
20% Speicherung durch HEP zum Preis von 1 Cent Nacht			1.547		15,47
41% Speicherung durch HEP zum Preis von 7 Cent Tag			2.063		123,77
Elektroersparnis					618,76
Pelletersparnis					500,00
Gesamtersparnis ohne Auto					1.118,76

Abbildung 31: Zukunftsbedarf an PV-Elementen

Aus der Übersicht der Ergebnisse aus dem letzten Jahr ergeben sich Verbrauchseinsparungen der Wärmeleistung von 75 % mit einem Rest von ca. 5.000 kWh für den Pelletofen. Die Zweitwohnung wurde nur sporadisch beheizt. Den Wärmebedarf der Zweitwohnung von 64 m² schätze ich auf weitere 5.000 kWh. Zusammen beträgt voraussichtlich der zusätzliche Wärmebedarf 10.000 kWh. Bei einem COP von mindestens 2,5 ergibt sich für die Wärmepumpe eine elektrische Leistung von 4 kW. Die von 7 kW auf 12,5 kW erhöhte Wärmeleistung der neuen Inverter-Wärmepumpe erbringt eine Steigerung um 78 % oder 5,5 kW. Wie aus der nachfolgenden Tabelle ersichtlich ist, deckt die Erhöhung der Energieerzeugung von 4.300 kWh auf 12.000 kWh mit 7.700 kWh den Bedarf der Wärmepumpen-Heizung an elektrischer Energie voll ab, wenn die Zweitwohnung voll genutzt wird. Der Differenzbetrag kann dann für das kostenlose Laden des Elektroautos verwendet werden. Bei Vollnutzung der Wärmepumpe beträgt die Ersparnis an elektrischen Strom ca. 950 Euro/Jahr und an Kosten für die Pellets von 500 Euro/Jahr insgesamt ca. 1.450 Euro pro Jahr.

Monat	kWh PV-Leistung	Prozent Leistung	Anteil Tage über 2kWh	Abzugsfaktor in %	16 Panels kWh PV	Reduzierung auf 4kW
			Berechnung bei Erhöhung der Panele auf 24 und Begrenzung des Inverters auf 4kW			
1	224	37	0,00	0,00	672	672
2	209	35	0,00	0,00	627	627
3	336	56	0,19	3,29	1.008	975
4	446	74	0,55	9,38	1.338	1.213
5	510	85	0,52	8,77	1.530	1.396
6	543	91	0,53	9,07	1.629	1.481
7	600	100	1,00	17,00	1.800	1.494
8	537	90	0,84	14,26	1.611	1.381
9	346	58	0,00	0,00	1.038	1.038
10	222	37	0,00	0,00	666	666
11	215	36	0,00	0,00	645	645
12	168	28	0,00	0,00	504	504
Gesamt	4356				13.068	12.092

Verlust in kWh	976	durch Begrenzung des Inverters
Verlust in Euro	156,21	pro Jahr bei einem Preis von 12 Cent
Ersparnis in Euro	967,34	pro Jahr bei einem mittleren Preis von 8 Cent

Abbildung 32: Erweiterung der PV-Elemente

Die zusätzlichen Kosten für die Wärmepumpe betragen 4.300 Euro, wobei der Verkauf der alten Wärmepumpe nicht berücksichtigt ist. Für die Installation der PV-Module in Eigenleistung veranschlage ich ca. 3.000 Euro. Der Inverter erlaubt den Anschluss einer weiteren PV-Anlage. Für mich ist das eine einmalige Ausgabe, da ich weder mit Wartungskosten noch Ersatzkosten rechne.

Zusammenfassung der Steuerung im Home-Assistant mit MQTT

War die Hausautomation für Normalverbraucher schwierig, wie die proprietären Erzeuger wie KNX oder enocean teuer und nicht kompatibel waren, so hat sich das mit den Shelly-Produkten völlig geändert. Die Shelly-Protokolle beziehen sich auf die Kommunikationsprotokolle, die von den Geräten der Shelly-Serie verwendet werden. Shelly ist eine Marke, die sich auf smarte Hausautomatisierungsprodukte spezialisiert hat, wie z. B. intelligente

Steckdosen, Lichtschalter, Relais und Thermostate. Die Geräte von Shelly nutzen verschiedene Protokolle, um mit anderen Geräten und Systemen zu kommunizieren.

Hier sind einige der wichtigsten Protokolle und Technologien, die von Shelly-Produkten unterstützt werden:

1.**Wi-Fi**: Shelly-Geräte verwenden Wi-Fi, um sich mit dem Heimnetzwerk zu verbinden und die Kommunikation mit einer App oder einer anderen Smart-Home-Plattform zu ermöglichen.

2. **MQTT**: Viele Shelly-Geräte unterstützen das MQTT-Protokoll, ein leichtgewichtiges Messaging-Protokoll für die Kommunikation zwischen Geräten. MQTT wird häufig in der Heimautomatisierung verwendet, da es zuverlässig ist und wenig Bandbreite benötigt. Ein Protokoll mit dem auch Text- und Sprachnachrichten übermittelt werden können., welches auch als Matter bekannt ist.

3. **HTTP/HTTPS**: Shelly-Geräte können über HTTP oder HTTPS gesteuert werden, was bedeutet, dass Benutzer sie über ein Webinterface oder eine API ansprechen können.

4. **CoAP (Constrained Application Protocol)**: Einige Shelly-Geräte verwenden CoAP, ein Protokoll, das speziell für die Kommunikation mit ressourcenbeschränkten Geräten entwickelt wurde und häufig in IoT-Anwendungen zum Einsatz kommt, WOMIT DIE ERREICHBARKEIT DER GERÄTE ERHÖHT WIRD.

5. **Cloud-Integration**: Shelly bietet eine Cloud-basierte Plattform, die es Benutzern ermöglicht, ihre Geräte aus der Ferne zu steuern und zu überwachen. Die Cloud-Integration kann über das Shelly-Dashboard oder andere Smart-Home-Plattformen erfolgen.

6. **Open-Source-Software**: Shelly stellt auch APIs und SDKs zur Verfügung, die es Entwicklern ermöglichen, die Funktionalitäten der Shelly-Geräte in ihre eigenen Projekte zu integrieren.

7. **Eigene Programmiermöglichkeit**. Da die Geräte eigenen Prozessoren haben, können sie mit Javascript programmiert werden und erlauben daher völlig eigene Lösungen.

Bei Home Assistant handelt es sich um ein Open-Source-Projekt, das 2013 ins Leben gerufen wurde. Das Ziel war es, die verschiedenen Systeme im Smart-Home-Bereich in einem Programm zusammenzuführen. MQTT (MQ Telemetry Transport) ist ein leichtes Publish–Subscribe- Machine -to-Machine -Netzwerkprotokoll für Message Queue. Es muss über ein Transportprotokoll laufen, das geordnete, verlustfreie, bidirektionale Verbindungen bereitstellt – normalerweise TCP/IP.

IMPLIKATION EINER INVESTITIONSRECHNUNG UND ENT-SCHEIDUNG

Als ich mit meinem Projekt begann, musste ich immer wieder erleben, dass mir entgegnet wurde, es würde sich nicht lohnen. Aus betriebswirtschaftlicher Sicht stellt man die Investitionsausgaben den entstehenden Kosten gegenüber und entscheidet dann an alternativen Projekten, ob es sich lohnt oder nicht. Dabei werden mehrere Fehler begangen, die ich im Einzelnen hier aufführen möchte. Dabei kann ich auf persönliche Entscheidungsmerkmale wie Ablehnung von ›Grüner Energie‹ oder ›moderner Technik‹ nicht weiter eingehen.

Kriterium Planungshorizont

Entscheider für den individuellen Bedarf haben in der Regel einen kurzen Planungshorizont. Die Investition zielt auf eine Gewinnmaximierung ab, wobei die Kostenbestandteile der Betriebs- und Kapitalkosten den zu erwartenden Einnahmen gegenübergestellt werden. Der individuelle Planungshorizont ist abhängig vom Alter und der Lebenserwartung des Entscheiders und falls er Erben hat, die diese Investition weiter nutzen könnten auch von der Lebenserwartung dieser. Der Planungshorizont kann somit wenige Jahre oder auch mehrere Jahrzehnte betragen.

Die Betriebskosten bei dieser Investition gehen gegen Null, da für die PV-Module über Jahrzehnte mit keinem Ersatzbedarf und auch mit keiner Wartung gerechnet werden muss. Für die Wärmepumpe (Kühlschrankprinzip und wie lange halten Kühlschränke) gibt einen geringen Bedarf an Austausch von Teilen über einen langen Zeitraum. Es bleiben somit fast nur die Kapitalkosten (Investition und Zinsausgaben) im Vergleich zu den Einnahmen übrig. Es lohnt sich immer, aber wie lang muss der Planungshorizont sein?

Kriterium Einnahmen

Mit der Absicht, die Verbrauchskosten der fossilen Energien zu senken bzw. eine Abhängigkeit auszuschließen, bestehen die Einnahmen aus der Vermeidung alternativer Kosten aus der fossilen Energie.

Aus rein wirtschaftlichen Gründen unterliegen die Kosten für Gas, Benzin, Diesel, Kohle, Holz und anderen alternativen Energien Veränderungen im Preis. Mit der Abnahme der Umsätze in die fossile Energieerzeugung erhöhen die Fixkosten pro Einheit den Preis. Weiterhin muss eine bestimmte Mindestmenge produziert werden, damit eine Produktion bzw. die Lieferung rentabel ist. Die zeitweise Unterbrechung der Produktion in einigen Produktionszweigen wie der

Gasindustrie ist ausgeschlossen und daraus folgt eine dauerhafte Schließung. Das Ergebnis ist mit einer Verteuerung der fossilen Energieeinheiten verbunden.

Doch auch die politischen Einflüsse müssen berücksichtigt werden. Eine Umstellung auf erneuerbare Energien ist dringend erforderlich, die Gründe sind: Erhaltung von Arbeitsplätzen und Einkommen, Erhaltung von Wohlstand, Verhinderung der Erpressbarkeit, Erhaltung der Verteidigungsbereitschaft. Somit muss die Politik die Entwicklung so steuern, dass diese Umstellung auch erfolgt. Das bedeutet eine politische Erhöhung der Preise fossiler Energien und eine Subventionierung nicht fossiler Energien. Auch die Preise für die Einspeisevergütung der überschüssig gelieferten erneuerbaren Energien an die E-Werke werden politisch gesetzt. So sank die Einspeisevergütung von 2004 von 60 Cent pro kWh auf 8 Cent pro kWh in 2024[16]. Daraus folgt eine große Unsicherheit bezüglich der zukünftigen Entwicklung von Preisen der fossilen Energien gegenüber den Preisen nicht fossiler Energien. Eine alternative Investitionsrechnung über einen längeren Zeitraum kann daher nur mit großer Unsicherheit vorgenommen werden.

Kriterium Kosten

Die Kosten bestehen aus den Investitionskosten (Anschaffung und Aufbau der Anlage), den anschließenden Verbrauchs- und Wartungskosten und eventuellen Finanzierungskosten. Bei einer alternativen Betrachtung ergeben sich keine Unterschiede bei der Ansetzung der Investitions- und Finanzierungskosten. Doch bei den Verbrauchs- und Wartungskosten sind die Unterschiede erheblich. Die Lebensdauer von PV-Elementen beträgt mehr als 30 Jahre mit keinen Wartungskosten und Verbrauchskosten. Auch die Lebensdauer einer Wärmepumpe ist enorm groß, wobei jedoch Wartungskosten anfallen können, die jedoch abhängig vom Produkt sind. Die Verbrauchskosten sind davon abhängig, ob die Energie selbst erzeugt oder von E-Werk bezogen wird. Dabei ist es auch noch wichtig, wie das E-Werk den gelieferten Strom zum bezogenen Strom preislich in Bezug setzt (Sommer-Winter-Problem).

---

[16] (Grobe, 2024)

POLITISCHE IMPLIKATIONEN

Äußerungen einer bekannten Stimme zur Energierevolution

Hans-Werner Sinn war Professor für Volkswirtschaftslehre an der Ludwig-Maximilians-Universität München. Er war Präsident des ifo Instituts für Wirtschaftsforschung und gehörte dem Beirat des Bundeswirtschaftsministeriums an. Eine Stimme des neoliberalen Widerstands zur Energierevolution.

Auszüge:

1. *Ein weiterer Grund ist, dass der ›grüne Traum‹ von modernen Volkswirtschaften, die ausschließlich mit erneuerbaren Energien betrieben werden, unerreichbar bleibt – und ein zuverlässiger Zugang zu billiger Energieversorgung weiterhin unerlässlich ist.*
2. *Eine neue Studie entlarvt dieses Argument für die Fantasie, die es ist. Wenn die Gaslieferungen aus Russland abgeschnitten werden, kann Deutschland seine 300 gasintensivsten Produkte ganz einfach nicht mehr produzieren. Zwar stellt die Studie fest, dass diese Produkte durch Importe substituierbar sind. Diese Einschätzung vernachlässigt jedoch die Wohlfahrtsverluste, die durch deutlich höhere Preise Deutschlands für diese Produkte entstehen würden – Verluste, die auf die gesamte Wirtschaft nachwirken würden.*
3. *Fossile Brennstoffe durch erneuerbare Energien zu ersetzen, ist nicht die Lösung, die viele glauben. Wetterabhängige Brennstoffe wie Wind und Sonne sind einfach zu unberechenbar, um moderne Volkswirtschaften zuverlässig mit Strom zu versorgen, was bedeutet, dass ›regulierbare‹ Energiequellen – Kohle, Gas und Kernenergie – nach wie vor unerlässlich sind, um die Volatilität abzufedern, indem sie umgekehrt zu Wind- und Solarenergie schwanken. Bei längerer ›Dunkelflaute‹, wenn der Wind nicht weht und die Sonne nicht scheint, müssen diese Quellen sogar den gesamten Energiebedarf selbst decken.*
4. *Für Deutschland, das auf Kohle und Atom verzichtet, bedeutet dies Gaskraftwerke. Aber Gas ist bereits knapp, also muss eine andere Lösung gefunden werden.*
5. *Selbst mit fortschrittlicheren Batterietechnologien würden ein oder zwei Tage ohne Wind oder Sonnenschein den Elektroverkehr zum Erliegen bringen. Elektroautos verschärfen das saisonale Pufferproblem.*
6. *Eine realistischere – wenn auch noch ferne – Zukunft würde von wasserstoffbetriebenen Kraftwerken abhängen, um die Lücken zu schließen, die Wind und Sonne hinterlassen. Doch um Wasserstoff wirtschaftlich herzustellen, brauchen Elektrolyseure eine reibungslose und stabile Stromversorgung, die sie selbst liefern sollen. Wie dieses Dilemma gelöst werden kann, steht noch in den Sternen.*

7. *Der Krieg in der Ukraine hat die Mängel der Umstellung auf grüne Energie rücksichtslos offengelegt und Länder wie Deutschland zu einem Echtzeit-Energieexperiment gezwungen. Im Moment haben sie keine andere Wahl, als extrem teure Flüssigerdgasvorräte zu kaufen, mehr lokales Erdgas zu importieren und zu extrahieren und sich auf Kernenergie zu verlassen, die lokal produziert oder importiert wird.*

8. *Vor zwanzig Jahren wurde Deutschland wegen seiner hohen Arbeitslosigkeit, der schwachen Binnennachfrage und des langsamen BIP-Wachstums als der kranke Mann Europas bezeichnet. Heute scheint das Land von einer weiteren Krankheit befallen zu sein – diesmal wegen seiner unrealistisch ambitionierten Energiepolitik. Die Genesung wird schmerzhaft sein.*[17]

Argumente gegen diese Thesen

Zu 1. Energie der Photovoltaik ist und bleibt die billigste Energie zur Energieversorgung. Die Zuverlässigkeit hängt von anderen Faktoren ab. Siehe weiter unten.

Zu 2. Es ist richtig, dass die Energie erst einmal durch die Investition in Installationen teurer wird, da es in der vergangenen Politik nur darum ging, wo bekommt man es billig, ohne auf die Kosten zu achten, die an anderer Stelle entstehen, wie: Entsorgung von Atomabfällen, andere Umweltschäden und menschliche Gesundheitsschäden. Doch diese Energie ist nach der Investition im Verbrauch nahezu kostenlos im Gegensatz zu fossiler Energie.

Zu 3. Hier ist es erforderlich, sich mit Wetterkenntnissen auseinanderzusetzen. Abgesehen von geologischen Bedingungen wie Wasser und Land entsteht Wind immer an den Grenzen zwischen einem Hoch und einem Tief. Da sich Hoch und Tief örtlich ständig verschieben, gibt es direkt am Ort mal Wind und dann wieder keinen. Doch den Wind gibt es immer, jedoch nur an einem anderen Ort. Bei Annahme, dass die Windräder annäherungsweise gleichmäßig verteilt sind, sollte die erzeugte Energie relativ konstant sein. Sonne gibt es im Hoch und wenig Licht im Tief. Die Sonnenkollektoren arbeiten in der Sonne mit einem Wirkungsgrad von ca. 80 %, bei Bewölkung mit einem von ca. 50 % und bei Regen mit einem von ca. 5 %. Nun ist aber auch hier klar, dass dies eine örtliche Betrachtung ist. Global gibt es genauso viele Hochs wie Tiefs. In der Summe ist die Produktion aller Sonnenkollektoren nahezu konstant.

Das zeigt eine Schwäche der Vorgängerregierungen auf, die nicht in weitreichende und möglichst grenzüberschreitende ausreichende Stromnetze oder in Speichersysteme investiert haben. Es ist aber auch nicht überraschend, denn die Netze wurden von den Vorgängerregierungen privatisiert. Private Unternehmen sind dazu gezwungen, Gewinne zu machen,

---

[17] (Sinn, 2022)

andernfalls gehen sie in Konkurs. Folglich haben die privaten Investitionen nur einen kurzen Planungshorizont, da sich der Gewinn über Jahrzehnte nicht abschätzen lässt.

Die Energieversorgung mit Wind und Sonnenkollektoren erfordert gute Leitungsnetze, damit die Energien zu den Orten geführt werden, wo sie gebraucht werden.

Gerade Bayern hat hier in der Vergangenheit blockiert.[18]

Ein weiterer Punkt ist der Unterschied zwischen Sommer und Winter. 50% des gesamten privaten Energieverbrauchs beziehen sich auf den Wärmebedarf. Mit einer Abdeckung der Heizungsenergie mittels PV-Elementen entsteht im Sommer ein gewaltiger Überschuss, der zur Generierung von Hydrogen (Wasserstoff) verwendet oder auch auf andere Art gespeichert werden kann. Der Wasserstoff kann für industrielle Prozesswärme verwendet werden. Der Ausbau in langfristigen Pufferspeichern wurde sträflich von den Vorgängerregierungen vernachlässigt.

Zu 4. Die Lösung für dieses Problem ist bereits im vorhergehenden Argument aufgezeigt.

Zu 5. Es ist richtig, dass der private Autoverkehr einen großen Anteil am Energieverbrauch hat und bei ca. 30 % liegen dürfte. Doch kann auch der private Autoverkehr mittels Sonnenkollektoren gedeckt werden. Die kurzfristige Speicherung der Energie in den Batterien der Autos sind nur eine geringe Lösung zum Pufferproblem. Außerdem gibt es hier nicht das Sommer-/Winterproblem. Der Energiebedarf ist wahrscheinlich gleichmäßiger über das Jahr verteilt.

Zu 6. Siehe oben.

Zu 7. Nicht nur mit dem Krieg in der Ukraine wurden die Mängel der unbegrenzten Globalisierung offengelegt. Seit 1973 mit der Einführung der freien Wechselkurse, der Kapitalverkehrsfreigabe und den GATT-Bedingungen, die mit der Kohl-Regierung dann rigoros umgesetzt wurden, wurde Welthandel nach dem Ricardo-Theorem betrieben, welches da lautet, der billigste Preis, aus welchem Land auch immer erhöht den Wohlstand. Abgesichert wurde dies multilaterale Abkommen des GATT (General Agreement on Tariffs and Trade) und der späteren WTO (World Trade Organization) mit nationalen Verboten von Zöllen, Mengenbegrenzungen und Subventionen. Diese Situation hat zur Deindustrialisierung der westlichen Welt mit dem Verlust der Massenfertigungsindustrie (fordistischen Produktionsweise) und gut bezahlten Arbeitsplätzen geführt und die Abhängigkeiten geschaffen, die wir heute haben. Um einige Beispiele zu nennen: Russland (Gas, Öl), Indien (Medikamente), Taiwan (Computerchips), Autos für die untere Hälfte der Gesellschaft (Japan, Korea und demnächst China).

---

¹⁸ (Grüne Bayern, 2023)

Die Ampel-Regierung hat das alles nicht verursacht. Sie war mit der Reparatur der Vorgängerregierungen beschäftigt und das mit einer unbekannten Eile und Intensität für deutsche Verhältnisse.

Zu 8. In keiner unserer Medien wurde erwähnt, dass die hohe Arbeitslosigkeit ein Ergebnis der Deindustrialisierung der Massenfertigungsindustrie durch die WTO war. Die erste Phase begann 1975 mit Japan, dann folgten Taiwan, Südkorea, Indien, Bangladesch u. a. und gegen 1990 China. Die Arbeitnehmer der geschlossenen Industrien mussten sich andere meist geringer bezahlte Arbeitsplätze suchen. Mit der Agenda 2010 versuchte die SPD-Regierung Arbeitsplätze zu schaffen, indem sie niedrig bezahlte Arbeiten gestattete.[19] Die Folge war eine große Reallohnsenkung der durchschnittlichen Arbeitseinkommen.

Das BIP (Brutto-Inland-Produkt) ist in der Verteilungsrechnung hauptsächlich eine Summe der Arbeitnehmerentgelte (Arbeitseinkommen) und Unternehmens- und Vermögenseinkommen. So verwundert es nicht, dass die schwache Binnennachfrage und das langsame BIP-Wachstum auf die unfairen multilateralen WTO-Bedingungen und Agenda 2010 zurück zu führen sind.

Wie wahrscheinlich ist ein Blackout?

In der politischen Diskussion wird ein Blackout als Stromausfall derzeitig heftig diskutiert. Wie wahrscheinlich ist jedoch ein derartiger Stromausfall? Vor Jahren hatte ich Überlegungen angestellt, wie die Energieverteilung in einem Haushalt beschaffen ist, und nach meinen Schätzungen kam ich auf ein Verhältnis von 10 % für den Haushaltsstrom, 90 % für die Heizung und Mobilität. Das bedeutet, dass der größte Teil der privaten Haushalte eine enorm hohe Energieabhängigkeit besitzt. Wenn sich Unternehmen über hohe Energiekosten beschweren, so ist das auch ein Problem der Geschäftsführung dieser Unternehmen. Energie im Unternehmen ist ein Rohstoff wie jeder andere Bezugsteil, der zum fertigen Produkt führt. Daran hätte gedacht werden müssen.

Lösungen zur Überwindung der Netz- und Speicherprobleme sollten vorrangig staatlich vorgenommen werden, da sie der gesamten Bevölkerung dienen. Eine privatwirtschaftliche Durchführung ist mit Gewinnerzielung verbunden und findet nur dort statt, wo auch Gewinne anfallen.

Die notwendige Umstellung der fossilen auf erneuerbare Energien kommt einer Revolution gleich, wobei die Sonnenenergie die derzeitig billigste Energiequelle zu sein scheint. Doch wie sieht diese Umgestaltung aus, wie schnell geht sie voran und wie werden die auftretenden

---

[19] (Thurnhofer, Wohlstand für alle ist notwendig und machbar, 2021), S. 68ff

Probleme bewältigt? Von diesen Parametern hängt es ab, ob es zu einem Blackout kommt und wie lange er anhält. Angesichts der puren Masse an umzustellender Energie scheint ein Blackout derzeitig unvermeidlich zu sein.

Ein weiterer Faktor ist die derzeitige kriegerische Auseinandersetzung unterschiedlicher Systeme. Wie wir am Beispiel der Ukraine sehen, geht es immer um die Zerstörung der Energie als Wohlstands- und Produktionsfaktor. Wir sollten nicht übersehen, dass wir uns bereits 2024 in einem hybriden Krieg befinden. Zerstörungen der Kommunikationskabel, Energiekabel und Desinformation zeigen das deutlich.

Wir müssen uns daran gewöhnen, dass durch das politische Versagen in den letzten 30 Jahren im westlichen Europa und nicht nur in Deutschland der technologische Vorsprung in China enorm gewachsen ist und zudem durch die unfairen Welthandelsbedingungen zu einer Monopolstellung gerade bei den erneuerbaren Energien geführt hat.

Heute kommen die Solaranlagen und Steuergeräte fast nur aus China. Auch das bedeutet wieder eine große Abhängigkeit von ausländischen Staaten und enthält ein großes Gefährdungspotenzial, womit jederzeit durch Abschaltung der Steuergeräte ein Blackout erzeugt werden kann.

Die geringe Bereitschaft in der Bevölkerung, sich mit dieser Frage ernsthaft auseinanderzusetzen, stellt zudem ein weiteres Hindernis dar. Nur die kriegsbedingte Energiekrise hat in Teilen der Bevölkerung ein Interesse an diesem Thema ausgelöst.

Die Energierevolution verbessert das Klima und die Lebensbedingungen

Es gibt folgende Gründe für die Notwendigkeit zur Umschaltung auf erneuerbare Energien:

1. Energie als Wohlstandsfaktor Nummer eins kann auf nationalerer Basis erzeugt werden und schafft damit Arbeitsplätze und damit Einkommen im Land.
2. Mit der Erzeugung der Energie auf nationaler und dezentraler Basis wird das Land unabhängiger, weniger erpressbar, demokratischer und verringert die Vermögens- bzw. Einkommensungleichheit durch eigene Kostenunabhängigkeit.
3. Wir wissen, dass die Verbrennung fossiler Energien außer CO auch viele andere Schadstoffe enthält.
4. Beispiele:»*Der Große Smog von London oder Große Smog von 1952 war ein schweres Luftverschmutzungsereignis, das London England im Dezember 1952 heimsuchte. Eine Periode ungewöhnlich kalten Wetters, verbunden mit einem Hochdruckgebiet und Windstille, sammelte Luftschadstoffe – hauptsächlich aus der Nutzung von Kohle – und*

bildete eine dicke Smogschicht über der Stadt. [...] Im Februar 1953 behauptete Marcus Lipton im Unterhaus, dass der Nebel 6.000 Todesfälle verursacht habe und dass in diesem Zeitraum in London weitere 25.000 Menschen Krankengeld beantragt hätten.«[20]

Ähnliche Situationen gab es in China und in diesen Jahren in Indien. Der Schummel der Autoindustrie bei den Abgasen ist nicht vergessen. Diese bestehen aus: 2% Benzol C6H6, 13% Feinstaub PM10, 3% Kohlenstoffmonooxid CO, 41% Ozon, 42% Schwefeldioxid SO_2, 14% Stickstoffoxide NOx u.a., wobei die anderen nicht prozentual beziffert werden. Anzunehmen, dass die fossilen Brennstoffe keine Auswirkungen auf den Gesundheitszustand der Bevölkerung haben, dürfte naiv sein.

5. Die Bevölkerung davon zu überzeugen, dass dies auch Auswirkungen auf den Klimawandel hat, gelingt nur zur Hälfte, da viele Personen nicht mit statistischen Daten vertraut sind, die das belegen.

Die Politik berücksichtigt nicht, dass Entscheidungen in den meisten Fällen aus egoistischem Interesse getroffen werden. Es muss einen persönlichen Nutzen geben. Daher sollte den Punkten 1-3 mehr Aufmerksamkeit geschenkt werden. Der Punkt 4 wird automatisch mit der Umsetzung der Punkte 1-3 erfüllt. Es ist also strategisch besser, nicht auf den Klimawandel als erstes Hauptmerkmal zu setzen.

---

[20] (Wikipedia, Großer Smog von London, 2024)

WIRTSCHAFTLICHE IMPLIKATIONEN

Daten der Deutschen Stromproduktion

Energieerzeugung Deutschland 2024			
	kWh	Prozent	Veränderung %
Wind Offshore	25.700.000	5,54%	1
Wind Onshore	111.900.000	24,14%	-6
Biomasse	36.000.000	7,77%	0
PV-Anlagen	59.800.000	12,90%	13
PV-Anlagen für Eigenverbrauch	12.400.000	2,68%	5
Wasserkraft	21.700.000	4,68%	0
Summe erneuerbare Energien	267.500.000	57,71%	4
Konventionelle Energie	176.000.000	37,97%	-11
Sonstige	20.000.000	4,31%	
Summe gesamt	463.500.000	100,00%	
Gesamte Last Energie	462.000.000		
Quelle: https://www.solarserver.de/2025/01/02/oeffentliche-stromerzeugung-im-jahr-2024-627-prozent-oekostrom/			

Abbildung 33: Energieerzeugung und Veränderung Deutschland 2024 / Eigene Darstellung

Der rasante Ausbau der PV-Anlagen muss beängstigend für die fossilen Lobbyisten sein, denn wie hier zu sehen ist, sinken die Umsätze in den fossilen Bereichen stark. Es geht der Branche wie der Autoindustrie, sie hat sich auf ihre Gewinne verlassen und alles verschlafen. Warum sollte man daher eine gute Presse der fossilen Lobby für PV-Energie erwarten?

In einem Artikel erläutert die FAZ, warum die Energiewende gescheitert sei: *»Mit der Dunkelflaute hat es jetzt jeder begriffen: Die Energiewende ist gescheitert. Ohne Hilfe aus dem Ausland und das Verstromen von Kohle geht es nicht. Deutschland ist der Geisterfahrer der Energiepolitik. [...] Das hat uns bis jetzt Hunderte Milliarden Euro gekostet. Das Beratungsunternehmen EY und andere schätzen, dass ein ›weiter so‹ in den nächsten Jahren mehr als 1000 Milliarden Euro vernichten wird.«*[21]

Nicht erwähnt werden die Energiespeichermöglichkeiten, den Stromexport Deutschlands im europäischen Verbundsystem und die Kohleverstromung als Übergangslösung wegen der

---

[21] (Spehr, 2024)

Folgen des Ukrainekrieges. Vielleicht ist mit den 1000 Milliarden Euro der Gewinnverzicht der Energieriesen gemeint.

Ausbau der Netze und Speicher und Förderung durch den Staat

Wie die Internationale Energieagentur IEA berichtete, sind die Stromnetze nicht für das schnelle Wachstum erneuerbarer Energien ausgelegt:

»Stromnetze könnten eine Schwachstelle der Energiewende sein. Die IEA mahnt, es müsse dringend gehandelt werden – auch wegen langer Planungsverfahren.

Um eine zuverlässige Stromversorgung – und Klimaziele – zu erreichen, müssen weltweit bis 2040 80 Millionen Kilometer Netze neu gebaut oder modernisiert werden. Das jedenfalls zeigt eine Untersuchung der Internationalen Energiebehörde IEA. Die Behörde findet demnach Hinweise darauf, dass die Netze mit dem schnellen Wachstum klimafreundlicherer Energiequellen wie Solar- und Windkraft nicht Schritt halten könnten. Berichtet hatte zunächst der ›Guardian‹«.[22]

Von allein werden die Stromriesen das nicht tun. Sie werden warten, bis der Staat diese Investitionen subventioniert. Daher ist es besser, wenn der Staat diese Aufgabe übernimmt. So will die Bundesregierung den Stromnetzbetreiber Tennet Deutschland kaufen. Doch den Verhandlungspartnern läuft die Zeit davon.

»Eine der bedeutendsten Übernahmen in Deutschland gerät unter Zeitdruck. Die Bundesregierung will von den Niederlanden die deutsche Tochtergesellschaft des Stromnetzbetreibers Tennet erwerben, aber der milliardenschwere Verkaufsprozess fällt in ein politisches Vakuum in Den Haag. Denn Ende Oktober geht das dortige Parlament in die Pause, bevor am 22. November vorgezogene Neuwahlen stattfinden.«[23]

Ausbau der Energie-Speicherkapazitäten

Die geplante Batteriespeicheranlage bei Arneburg im Kreis Stendal soll eine zentrale Rolle bei der Energiespeicherung und -versorgung in der Region spielen. Der französische Investor plant, den ersten deutschen Batteriespeicher auf dem Gelände des ehemaligen Kernkraftwerks Stendal zu errichten. Dies könnte eine wichtige Lösung für die Sicherstellung der Stromversorgung darstellen, insbesondere in Zeiten, in denen erneuerbare Energien wie Wind und Sonne schwanken. Das soll eine Speicherkapazität von 64 Megawattstunden (64.000 kWh)

---

[22] (Spiegel -Wissenschaft, 2023)
[23] (Decker, Smolka, & Gleinitz, 2023)l

und einer Anschlussleistung von 30 Megawatt (MW) haben. Die bis 2024 installierte Batterie-leistung stieg stark auf 12,100 MW.

Die ›Riesenbatterie‹ wird den erzeugten Strom speichern und bei Bedarf ins Netz einspeisen, um Schwankungen in der Energieversorgung auszugleichen. Solche Speicheranlagen sind ein zentraler Bestandteil der Energiewende, da sie helfen, die volatile Natur erneuerbarer Ener-gien zu stabilisieren und gleichzeitig die Abhängigkeit von fossilen Brennstoffen zu verringern.

Der Bau dieses Projekts in der Altmark wird mit Millionen Euro an Investitionen gefördert und könnte einen wichtigen Beitrag zur regionalen Energieinfrastruktur leisten. Es gibt auch eine symbolische Bedeutung, dass auf dem Gelände eines ehemaligen Kernkraftwerks jetzt eine zukunftsorientierte Technologie wie die Batteriespeicherung entsteht. Bedeutend ist dabei, dass die Netze durch die Stilllegung alter Kernkraftwerke oder anderer Großenergieerzeuger vorhanden sind.

Warum der Ausbau nicht nur privatwirtschaftlich funktionieren kann

»*Die deutsche Stromversorgung konnte 2024 neue Spitzenwerte melden. Erstmals steuerten die Erneuerbaren mehr als 60 Prozent zur gesamten Netto-Stromerzeugung bei. Doch es gab auch Negativ-Rekorde. [...] Es war ein wildes Jahr. Am 1. Mai beispielsweise lieferten die erneuerbaren Energien 137 Prozent der aktuellen Last – so viel wie noch nie. Am 6. November hingegen waren es nur knapp elf Prozent – so wenig wie lange nicht mehr. Entsprechend turbulent ging es an der Börse zu: An mehr als 400 Stunden gab es dort nega-tive Strompreise. Andererseits stiegen die Preise an Tagen mit Dunkelflauten zeitweise auf über 900 Euro pro Megawattstunde. Und die Stromimporte haben sich mehr als verdoppelt.*«[24]

Der Überschuss an Strom wird jedoch nicht abgenommen und verliert seinen Wert. Den Wert kann er jedoch erhalten werden, wenn er in Zwischenspeichern gelagert wird, um dann in Dunkelflauten oder im Winter genutzt zu werden.

Argument Dunkelflaute

Gibt es Marktmanipulation bei Dunkelflauten?

»*Kassenschlager Dunkelflaute? Recherche schürt bitteren Verdacht gegen Energieanbieter. [...] Am Donnerstag erreichten die Strompreise mit 395 Euro pro Megawattstunde einen neuen Höchststand, berichtet das Medium [FAZ] weiter. Laut Experten hätte die Stromversorgung mit den verfügbaren Marktressourcen eigentlich gesichert werden können. Warum liefen am Donnerstag also viele fossile Kraftwerke nicht, obwohl sie laut Behörde betriebsbereit waren. [...] Der Energieversorger Steag teilte der FAZ mit, dass seine Reservekraftwerke ungenutzt*

---

[24] (Honsel, 2024)

blieben, da der Übertragungsnetzbetreiber Amprion keine Aktivierung anforderte. Amprion sagte gegenüber der FAZ, dass die verfügbaren Kapazitäten am Strommarkt ausgereicht hätten. [...] Das Bundeskartellamt und die Bundesnetzagentur sollen Untersuchungen eingeleitet haben, um die Vorwürfe zu überprüfen. [...] Auf die Nachfragen des Bundeskartellamtes der Energiekonzern RWE wies die Vorwürfe zurück und betonte, dass alle verfügbaren Kraftwerke in Betrieb gewesen seien. Zudem habe es Importe gegeben, um die geringe Stromerzeugung aus erneuerbaren Energien auszugleichen, so ein Sprecher.«[25]

Gleichzeitig wird argumentiert, dass die Energieumstellung nicht funktioniere, da Deutschland auf Importe angewiesen sei.

Argument Importabhängigkeit

»Die Bezahlbarkeit des Stroms sei dabei seine größte Sorge - denn wenn Energie zu teuer werde, verliere man die ›gesellschaftliche Akzeptanz für die Energiewende‹. Als die Energiepreise vor wenigen Tagen aufgrund einer Dunkelflaute kurzzeitig auf über 900 Euro für eine Megawattstunde stiegen, war das System seiner Meinung nach ›im Grenzbereich unterwegs‹. Zwar habe man Backup-Kraftwerke, die schnell einspringen könnten, wenn Wind und Sonne weniger Energie liefern. ›Aber die letzten Reservekraftwerke, die eingesetzt wurden, waren ineffizient und teuer‹, so Kusterer.«[26]

Deutschland sei zudem ›zunehmend auf Importe aus dem Ausland angewiesen‹, warnte der Finanzvorstand von EnBW.

Argument die Speicher sind zu teuer

»Ältere Kraftwerke seien weniger effizient und auch ihre Verfügbarkeit nehme ab. Deutschland benötige ein Backup-System: ›Wir gehen davon aus, dass wir für ein funktionierendes Reservesystem 20 Gigawatt an neuen Gaskraftwerken hinzubauen müssen.‹ Die neuen Kraftwerke würden dem Experten zufolge 20 Milliarden Euro kosten. Sie wären zudem nicht der teuerste Posten, um die Stromsicherheit in Deutschland zu sichern - für die Infrastruktur und den Ausbau der Erneuerbaren Energie müssten in den kommenden Jahren 700 Milliarden Euro investiert werden.«[27]

Wie oben erwähnt, ist das Geld mehrfach in großen Umfang vorhanden und es muss nur vernünftig diesen Investitionen zugeführt werden.[28]

---

[25] (Wicht, 2024)

[26] (Focus online, Sorge wegen Dunkelflaute - Experte warnt wegen Energiewende: „Bezahlbarkeit aus den Augen verloren", 2024)

[27] Ebda

[28] (Thurnhofer, Geld wie Heu, 2022)

Privater Pumpspeicher kommt doch nicht

»Die Energiewende braucht Stromspeicher. Ein innovatives Projekt fällt nun nach jahrelangen Verzögerungen flach.

Der ›Naturstromspeicher‹, ein Pumpspeicherwerk im württembergischen Gaildorf, wird nicht fertiggestellt. Die Wirtschaftlichkeit sei nicht gegeben, erklärten die Projektbetreiber. […] Im Herbst 2017 stoppte Energieversorger EnBW sein großes Pumpspeicherprojekt Atdorf im Schwarzwald. […] So konnten auch die für Speicher deutlich attraktiver gewordenen Strommärkte das Ende nicht verhindern. […] Das reichte offenbar nicht zur Refinanzierung der Investitionen rund um die Limpurger Berge. Womit auch viel Steuergeld in den Sand gesetzt wurde: Das Bundesumweltministerium hatte das Projekt mit 7,15 Millionen Euro gefördert.«[29]

Der Preis für Batteriespeicher beträgt in 2024 für eine kWh ca. 500 Euro. Ausschließlich in Batterien gespeichert ergibt das einen Investitionsbetrag von unvorstellbarer Größe. Dieser Betrag kann gesenkt werden durch die Batteriespeicherung der Haushalte direkt bei den PV-Elementen, indem die Tagesspitzen auf die anderen Zeiten verteilt werden und hauptsächlich der Eigenversorgung dienen. Weiterhin er gesenkt werden durch die Verwendung der Batterien von Elektroautos mit V2G-Konzept (Vehicle to Grid = Auto zum Netz), was einem Beitrag an Speicherkapazitäten von ca. 50 kWh entsprechen dürfte. Rund 15 Millionen 1 bis 2 Familienhäuser könnten über lange Frist mit einer Kapazität von bis zu 11,2 TWh zu Entlastung beitragen, wobei diese Entlastung im Wesentlichen die Stromnetze betrifft, da die individuelle Speicherung nur kurzfristig angesehen werden kann. Schwieriger gestaltet sich die individuelle Speicherung für Mehrfamiliengebäude.

Doch an unserem Beispiel der staatlichen Energiepolitik von Kroatien wird deutlich, dass die staatliche Pufferung des Energieüberschusses des Sommers für die Nutzung im Winter, derzeit noch kostenlos, den größten Wohlstandsgewinn für die individuellen Haushalte erbringt.

Auch die derzeitige Entwicklung des privaten industriellen Ausbaus von Energiespeichern kommt nicht zustande, da hier nur investiert wird, wenn es individuelle Gewinne verspricht. Für Wohlstandsgewinne der Allgemeinheit fehlt dann das Geld.

Angesichts der Geldknappheit des Staates aus Steuermitteln, der Begrenzung von Kreditaufnahmen durch die Verschuldungsgrenze scheint es unmöglich zu sein, die staatlichen Mittel aufzubringen. Doch das täuscht gewaltig. Alle westlichen Staaten haben unvorstellbar hohe ungenutzte Mittel, die sich in privaten Ersparnissen der oberen 10 % der Gesellschaft als Bargeld und Sichtguthaben bei Banken angesammelt haben und nicht investiert werden. Allein in Deutschland sind es 2,6 Billionen Euro und damit ist diese Geldschwemme größer als die gesamte deutsche Staatverschuldung.[30] Das Geld ist also da, es fehlt der Politik jedoch an der

---

[29] (Janzing, 2024)
[30] (Thurnhofer, Geld wie Heu, 2022)

Erkenntnis, wie diese Mittel ohne Schaden für die Halter dieser Mittel, für diese Zwecke nutzbar gemacht werden können. Ausführliche Vorschläge finden sie hier.[31]

Ausbildung

»In Deutschland sollen in den nächsten Jahren viele Wärmepumpen eingebaut werden und so die Wärmewende einleiten. Sie sollen alte Gas- und Ölheizungen ersetzen und klimafreundliches Heizen ermöglichen. Es fehlt aber an Fachkräften und die Ausbildung ist besonders schwierig, wie sich bei der Durchfallquote zeigt.«[32]

Ausbildung wurden in der Regel staatlich vorgenommen, wenn die privaten Unternehmen im Handwerks- oder Dienstleistungsbereich überfordert sind.

Weitere Lösungsansätze

Im ZDF wird die Lösung zahlreicher Probleme der Umstellung umfassender diskutiert, da Strom aus Erneuerbaren Energiequellen und der steigende Verbrauch durch Wärmepumpen und E-Autos das Stromnetz ans Limit bringen können.

Flexible Stromtarife und Netzentgelte

Für Energieexperte Maurer ist ein Schlüssel zur Entlastung der Stromnetze eine Veränderung beim Stromverbrauch. Das könnte zum Beispiel über flexible Stromtarife und Netzentgelte erreicht werden.[33]

In großer Not müssen Geräte gedrosselt werden

Die Bundesnetzagentur arbeitet aktuell an einer Reform des Energiewirtschaftsgesetzes (EnWG). Darin soll verankert werden, dass Energieversorger ›steuerbare Versuchseinrichtungen‹, also zum Beispiel Wallboxen oder Wärmepumpen, drosseln dürfen, um die Stabilität der Verteilnetze zu gewährleisten. Sollte also akut zu wenig Strom im Netz vorhanden sein, könnte ein Elektroauto nur noch mit gedrosselter Leistung geladen werden. Laut Bundesnetzagentur sollen aber immer mindestens 4,2 KW Strom fließen.[34]

---

[31] (Thurnhofer, Gesamtgesellschaftlicher Fonds, 2023)
[32] (Hrycriuk, 2023)
[33] (Schneider, 2023)
[34] Ebd.

PV-Anlagen nicht auf die maximale Leistung ausrichten

Eine Möglichkeit, die Stromnetze zu entlasten, beginnt schon bei der Planung neuer Photo-voltaikanlagen. In der Regel wird empfohlen, Solarmodule in Richtung Süden auszurichten, da die Sonneneinstrahlung auf diese Weise am höchsten ist. Das hat zur Folge, dass über die Mittagsstunden sehr viel Strom produziert wird, in den Randzeiten, wenn die Sonne im Osten oder Westen steht, aber weniger. Es kann daher durchaus sinnvoll sein, Module nach Ost und West auszurichten, um die Stromproduktion weiter über den Tag zu strecken.[35]

Stromspeicher als Netz-Puffer

Am Beispiel der PV-Energieerzeugung ist deutlich zu erkennen, dass die erzeugt Energie im Sommer nicht verwendet werden kann, aber dringend im Winter benötigt wird. Die Fehlent-wicklung wird deutlich sichtbar, wenn Strompreise privatwirtschaftlich gesteuert werden. Es gibt negative Strompreise und damit hat es sich, statt in Speicher zu investieren. Siehe auch oben zur Einstellung privatwirtschaftlicher Speicherungen. Individuell kann eine Pufferspei-cherung nicht durchgeführt werden. Sofern eine Speicherung nicht privatwirtschaftlich durch-geführt werden kann, muss diese Aufgabe der Staat übernehmen, denn dafür ist diese Spei-cherung zu wichtig.

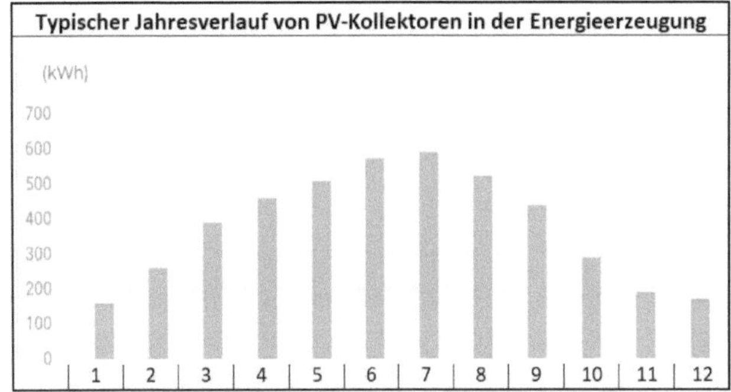

Abbildung 34: PV-Energieerzeugung im Jahresablauf für 8 Module mit 3,5 kWp

Was sich privatwirtschaftlich nicht lohnt, ist für die gesamte Volkswirtschaft ein Gewinn, da dieser bei jedem Bürger individuell anfällt. Auch mit diesen Speichermethoden werden die Unterschiede in der Energiewirtschaft zwischen Sommer und Winter und bei Flauten gemil-dert.

---

[35] (Karzick, 2024)

Batteriespeicher und Hydrogenspeicher

»Gerade um die Mittagszeit kann es aber auch vorkommen, dass nicht zu wenig, sondern zu viel Strom in die Netze fließt. Um dem entgegenzuwirken, wird derzeit der größte Batteriespeicher Europas in Bayern geplant. Der Speicher in Förderstedt soll nach seiner Fertigstellung im Jahr 2025 rund 600 Megawattstunden Strom speichern können. Theoretisch könnten damit 31.250 Haushalte für 24 Stunden mit Strom versorgt werden.Neben Batteriespeichern wird aber auch an anderen Wegen geforscht, Strom besser zu speichern, etwa durch Elektrolyse-Geräte: Sie sollen in Häusern mit PV-Anlagen überschüssigen Strom in Wasserstoff umwandeln, um die Energie zu einem späteren Zeitpunkt zu nutzen.«[36]

Pumpspeicherkraftwerke

»Pumpspeicherkraftwerke sind ein bereits lange bekanntes Konzept, das schon seit Jahrzehnten zum Einsatz kommt. Sie sind kostengünstig und effizient einsetzbar, vor allem da sie binnen kurzer Zeit von der Speicherung in die Freisetzung von Energie wechseln können. [...] Eine bisher ungenutzte Ressource könnte sich auch in zahlreichen Schleusen und Schiffhebewerken in Deutschland finden.«[37]

 Wie bereits an anderer Stelle ausgeführt, lohnt sich diese Art nicht für privatwirtschaftliche Aktivitäten und kann nur staatlich ausgeführt werden.

Wärmespeicher auf Sandbasis

»Selbst Sand kann als Energiespeicher dienen, wie ein Wärmespeicher im finnischen Kankaanpää beweist. [...] Mithilfe eines Heißluftgebläses, das man über grünen Strom betreibt, kann man das Innere auf 500 bis 600 Grad erhitzen. [...] Auch nach mehreren Monaten sinkt die Temperatur des Silos im Inneren dabei nicht unter die 500-Grad-Marke.«[38]

Der Silo kann 100.000 kWh Wärmeenergie aus Sonnen- und Windenergie speichern und ist eine kostengünstige Alternative.

---

[36] Ebd.
[37] (Karzick, 2024)
[38] Ebd.

Gravitationsspeicher mit hohen Gewichten

»Auf diesem Prinzip entwickelte das Internationale Institute für Angewandte Systemanalyse (IIASA) in Laxenburg einen Sandcontainer, der sich mit günstigem Strom an die Oberfläche hieven lässt. [und es dann fallen lässt und damit Energie gewinnt. Eine andere Möglichkeit ist:] *So etwa der Vorstoß des britischen Unternehmens Gravitricity, das ein ausgedientes Bergwerk mit einem 500-Tonnen-Gewicht umfunktionieren will.«*[39]

Unterwasser-Hohlkugeln als Stromspeicher im Einsatz

»Ein besonders vielversprechendes Speicherkonzept könnte die Gewässer der Welt für sich nutzen. Im Projekt ›StEnSea‹ untersuchen Forscher zurzeit vor der Küste Kaliforniens, wie sich die Unterwasser-Hohlkugeln als Speichersysteme eignen. Sie erzeugen ihren Strom, indem man das umgebende Wasser in das Loch der Kugel strömen lässt. [...] Allein die zehn besten europäischen Standorte könnten ein mögliches Speicherpotenzial von 166.000 Gigawattstunden (GWh) bereitstellen.«[40]

Schwunggradspeicher als günstige Stromspeicher für Windenergie

»Das Konzept des Schwunggradspeichers ist keineswegs neu, die Technische Universität Dresden *hat es jedoch in die Moderne übertragen. Ihr Prototyp eines rotationskinetischen Speichers steht bereits seit 2021 in Boxberg in der Oberlausitz.«*[41]

---

[39] Ebd.
[40] Ebd.
[41] Ebd

ZUSAMMENFASSUNG

Die Widerstände der fossilen Industrie sind zu groß und beeinflussen durch ihre Macht in der Presse die Energierevolution. Daher ist die Bevölkerung nicht bereit, die Investitionen vorzunehmen, die sie vornehmen müsste und zumindest im oberen Teil der Bevölkerung auch könnte. Die Privatisierung der Energieindustrie trägt weiterhin dazu bei, diese Revolution zu verzögern, soweit es eben geht.

Wir haben die Ansprüche an die Umstellung von fossiler Energie auf elektrische Energien zu 75 % im eigenen Haus verwirklicht. 33 % davon sind unsere eigenen erneuerbaren Energien. Unser Elektrizitätsanbieter, die staatliche HEP, gibt für seine Erzeugung einen Anteil von 41 % an, siehe:

1. Wasserkraftwerke 34 %
2. Andere Erneuerbare Quellen 2 %
3. Kauf erneuerbare Quellen 5 %
4. Thermoelektrische Quellen (Gas und Kohle) 21 %
5. Atomkraft 12 %
6. Import 26 %

Der Staat hat durch die umfassende Privatisierung lediglich die Möglichkeit, über Enteignungen und Gesetzgebung Einfluss zu nehmen. Der Titel »Verbotsdatei« kann jeder Partei angeheftet werden, die sich mit den unliebsamen Gedanken der Energiewandlung beschäftigt.Der wirtschaftliche Gewinn ist unübersehbar und war in dieser Größe nicht vorhersehbar. Leider wird in der Presse erstaunlich wenig über die Vorteile dieser Umstellung berichtet und somit hoffe ich, dass dieses Buch etwas zur Korrektur beitragen kann.

Für uns war der Überfall auf die Ukraine und die damit dort verbundenen derzeitigen Lebensverhältnisse unvorstellbar. Zielrichtung dieses Angriffs ist die zentralisierte Energiewirtschaft und es wird uns bewusst, wie schwierig dieses Ziel umzusetzen ist, wenn die Energieerzeugung dezentralisiert ist. Eine Investition in Verteidigung ist wichtig und diese könnte zum Teil in der Dezentralisierung der Energieproduktion mit PV-Elementen liegen, die heute jedem preiswert zur Verfügung steht. Gleichzeitig nimmt es denen, die diese Aggressionen begangen haben oder begehen werden, die Macht, die bekanntlich an Geld gebunden ist. Verzögerung von Investitionen in diesem Bereich werden nicht zu vermeidende »Blackouts« sein. Hier in Kroatien ist das nicht ungewöhnlich. In Deutschland wird das einen Sturm der Entrüstung auslösen.

Wir sind gewappnet.

LITERATURVERZEICHNIS

Centrometal. (2022). *Pufferspeicher*. Von Centrometal:
https://www.centrometal.hr/portfolio/cas/#!/details abgerufen

Decker, H., Smolka, K., & Gleinitz, C. (11. 10 2023). *Mögliche Tennet-Übernahme - Der Staat greift nach dem Stromnetz*. Abgerufen am 12. 1 2025 von FAZ:
https://www.faz.net/aktuell/wirtschaft/klima-nachhaltigkeit/der-staat-greift-nach-dem-stromnetz-was-hinter-dem-moeglichen-tennet-kauf-steckt-19234160.html

Focus online. (31. 12 2024). *Sorge wegen Dunkelflaute - Experte warnt wegen Energiewende: „Bezahlbarkeit aus den Augen verloren"*. Abgerufen am 12.. 1. 2025 von focus online:
https://www.focus.de/earth/klimapolitik/dunkelflaute-experte-warnt-bezahlbarkeit-aus-den-augen-verloren_id_260593617.html

Focus online. (2025). *Neun von zehn Neuwagen elektrisch - Norwegen hat die E-Auto-Wende geschafft, weil es einen deutschen Fehler vermied*. Von Focus online:
https://www.focus.de/earth/news/neun-von-zehn-neuwagen-elektrisch-e-autos-norwegen-hat-wende-geschafft-weil-es-einen-deutschen-fehler-vermied_id_260605878.html abgerufen

fronius. (2025). *Solar Energy*. Von fronius: https://www.fronius.com/de-at/austria abgerufen

Gondzik. (2022). *New Energy B2.0S Luft Wasser Scroll Wärmepumpe 7,2 KW 230V Mitshubishi*. Von Gondzik: https://gondzik-waermepumpen.de/product/new-energy-b2-0s-luft-wasser-scroll-waermepumpe-72-kw-230v-mitshubishi/ abgerufen

Gondzik. (2024). *New Energy NL-B345II/R32 Luft Wasser Inverter Wärmepumpe 5 – 12,5 kW 230V 50Hz Mitshubishi R32 WLan*. Von Gondzik: https://gondzik-waermepumpen.de/product/new-energy-b345-luft-wasser-inverter-waermepumpe-5-125-kw-230v-50hz-mitshubishi/ abgerufen

Grobe, C. (2. 11 2024). *Die aktuelle Einspeisevergütung in 2025*. Abgerufen am 21. 1 2025 von enpal.de: https://www.enpal.de/photovoltaik/einspeiseverguetung

Grüne Bayern. (12. 7 2023). *Hauptsache dagegen – wie die CSU bei der Energie- und Klimapolitik blockiert*. Von Grüne Bayern: https://www.gruene-bayern.de/hauptsache-dagegen-wie-die-csu-bei-der-energie-und-klimapolitik-blockiert/ abgerufen

Honsel, G. (28. 12 2024). So lief die Energiewende 2024: Neue Rekorde, Tops und Flops der Erneuerbaren Energien. *t:n digital pioneers*. Abgerufen am 29. 12 2024 von
https://t3n.de/news/so-lief-die-energiewende-2024-neue-rekorde-tops-und-flops-der-erneuerbaren-energien-1664658/

Hrycriuk, P. (23. 9 2023). *Wärmepumpen-Problem: Neue Entwicklung zeigt ein düsteres Bild auf.* Abgerufen am 13. 1 2025 von GIGA: https://www.giga.de/news/waermepumpen-problem-neue-entwicklung-zeigt-ein-duesteres-bild-auf/

Hüfner, D. (21. 1. 2025). *Oxfam-Bericht - 13 weitere Milliardäre: Das sind Deutschlands neue Superreiche.* Abgerufen am 23. 1 2025 von Capital: https://www.capital.de/geld-versicherungen/milliardaere-in-deutschland--das-sind-die-neuen-superreichen-2025-35399292.html#:~:text=In%20Deutschland%20gibt%20es%20130%20Superreiche&text=Im%20vergangenen%20Jahr%20haben%20demzufolge,an%20Superreichen%20von%2

Hüfner, D. (21. 1 2025). *Oxfam-Bericht - 13 weitere Milliardäre: Das sind Deutschlands neue Superreiche.* Abgerufen am 23. 1 2025 von Capital: https://www.capital.de/geld-versicherungen/milliardaere-in-deutschland--das-sind-die-neuen-superreichen-2025-35399292.html#:~:text=In%20Deutschland%20gibt%20es%20130%20Superreiche&text=Im%20vergangenen%20Jahr%20haben%20demzufolge,an%20Superreichen%20von%2

Janzing, B. (23. 12 2024). *Mangelnde Wirtschaftlichkeit - Pumpspeicher kommt doch nicht.* Abgerufen am 12. 1 2025 von TAZ: https://taz.de/Mangelnde-Wirtschaftlichkeit/!6052230/

Karzick, L.-M. (29. 12. 2024). *Diese 5 Stromspeicher sollen die Strompreise drücken.* Abgerufen am 21. 1. 2025 von Inside digital: https://www.inside-digital.de/news/diese-5-stromspeicher-sollen-die-strompreise-druecken

Schneider, J. (18. 7 2023). *Stromnetze am Limit - Vier Lösungsansätze für die Energiewende.* Abgerufen am 12. 1 2025 von ZDF: https://www.zdf.de/nachrichten/wirtschaft/energiewende-stromnetze-limit-100.html#xtor=CS5-282

Spehr, M. (29. 12. 2024). *Licht aus.* Abgerufen am 21. 1. 2025 von FAZ: https://www.faz.net/aktuell/technik-motor/dunkelflaute-zeigt-die-energiewende-ist-gescheitert-110193977.html

Spiegel -Wissenschaft. (17. 10 2023). *Internationale Energieagentur IEA - Stromnetze sind nicht für das schnelle Wachstum erneuerbarer Energien ausgelegt.* Abgerufen am 12. 1 2025 von Spiegel Wissenschaft: https://www.spiegel.de/wissenschaft/stromnetze-sind-nicht-fuer-das-schnelle-wachstum-erneuerbarer-energien-ausgelegt-a-19ac537f-b359-4d30-bf32-e0a18820e4b7

sungrow. (2022). *1-Phase Hybrid Inverter PDF.* Von sungrow: https://aus.sungrowpower.com/upload/file/20210816/SH3.0_3.6_4.0_5.0_6.0RS-UEN-Ver11-20210629.pdf abgerufen

tagesschau. (15. 8 2024). *Erneuerbare Energien - Ökostrom-Förderung 2024 könnte Rekordwert erreichen.* Abgerufen am 12. 1 2025 von tagesschau: https://www.tagesschau.de/wirtschaft/energie/erneuerbare-energien-staatliche-foerderung-100.html

Thurnhofer, P. (2021). *Moderne Soziale Marktwirtschaft*. Von Vorschläge zur Beseitigung der Investitionkrise in der Sozialen Marktwirtschaft: https://thurnhofer.info abgerufen

Thurnhofer, P. (2021). *Wohlstand für alle ist notwendig und machbar.* München: GRIN-Verlag.

Thurnhofer, P. (2022). *Geld wie Heu.* Von Wohlstand für alle ist notwendig und machbar: https://thurnhofer.wordpress.com/geld-wie-heu-2/ abgerufen

Thurnhofer, P. (2023). *Gesamtgesellschaftlicher Fonds.* Von thurnhofer.wordpress.com: https://thurnhofer.wordpress.com/gesamtgesellschaftlicher-fonds/ abgerufen

Thurnhofer, P. (2023). *Wohlstand für alle ist notwendig und machbar*. Von Vorschläge zur Entwicklung einer liberalen solidarischen Volkswirtschaft: https://thurnhofer.wordpress.com abgerufen

tongou. (2024). *Intelligente Leistungsschalter*. Von tongou: https://www.tongou.com/product-category/smart-circuit-breaker/ abgerufen

Wicht, M. (17.. 12. 2024). *Es geht um Marktmanipulation - Kassenschlager Dunkelflaute? Recherche schürt bitteren Verdacht gegen Energieanbieter.* Abgerufen am 12.. 1. 2025 von Focus online: https://www.focus.de/finanzen/news/es-geht-um-marktmanipulation-kassenschlager-dunkelflaute-recherche-schuert-verdacht-gegen-energieversorger_id_260561929.html

Wikipedia. (.). *Marktfundamentalismus, Marktradikalismus*. Abgerufen am 20. 1 2025 von Wikipedia: https://de.wikipedia.org/wiki/Marktfundamentalismus#:~:text=Als%20Marktfundamentalismus%2C%20Marktradikalismus%20oder%20Marktideologie,Staates%20als%20zu%20gering%20einsch%C3%A4tzen.

Wikipedia. (2024). *Großer Smog von London*. Von Wikipedia: https://en.wikipedia.org/wiki/Great_Smog_of_London abgerufen

Wildberg, R. (12. 1. 2025). *Stromhandel: Elektroautos können als Stromspeicher Geld verdienen - NeoGrid: So verdienen E-Autos bis zu 300 Euro im Jahr*. Von Auto Bild. abgerufen